Beat Zuber

Das Tempussystem des biblischen Hebräisch

Beat Zuber

Das Tempussystem des biblischen Hebräisch

Eine Untersuchung am Text

Walter de Gruyter · Berlin · New York
1986

Beiheft zur Zeitschrift für die alttestamentliche Wissenschaft

Herausgegeben von Otto Kaiser

164

PJ
4647
.Z8
1986

gedruckt auf säurefreiem Papier
(alterungsbeständig – pH 7, neutral)

CIP-Kurztitelaufnahme der Deutschen Bibliothek

Zuber, Beat:
Das Tempussystem des biblischen Hebräisch : e. Unters. am Text /
Beat Zuber. – Berlin ; New York : de Gruyter, 1985.
  (Beiheft zur Zeitschrift für die alttestamentliche Wissenschaft ;
  164)
  ISBN 3-11-010402-4
NE: Zeitschrift für die alttestamentliche Wissenschaft / Beiheft

Meinem verehrten Hebräischlehrer
Pfr. Jacob Fatzer
in Dankbarkeit gewidmet

VORWORT

Laut Menge-Güthling ist σχολή die Muße, aber auch das Ergebnis der Muße, die wissenschaftliche Arbeit. Um so eine
σχολή handelt es sich hier. Die Arbeit ist geschrieben worden von einem, der an der Wissenschaft gern das Spielerische
sieht, der aber trotzdem eine Schwäche für exaktes Arbeiten
und vor allem viel Muße hat.

Gestrenge Wissenschaft hat andere Kriterien, und vor ihrem
Gericht konnte diese Arbeit nicht bestehen. Aber dann hat
Prof. Otto Rössler meine Arbeit gelesen und gefunden, sie sei
gut. Und das hat mir Mut gemacht. Ich danke ihm.

Danken möchte ich auch Martina Schlatterer, die mich mit
den nötigen Informationen aus dem linguistischen und germa-
nistischen Fachgebiet versorgt hat, und Beata Woschek fürs
Korrigieren (das ß hätte ich ohne ihre Hilfe nie geschafft).
Und nicht vergessen darf ich meine Obern und Mitbrüder von
den Schönstatt-Patres, die mir vertraut und damit die Muße
überhaupt ermöglicht haben. Danke!

Jerusalem, Ostern 1985   Beat Zuber

INHALTSVERZEICHNIS

Tabellenanhang in der Innentasche am Schluß des Buches

I. EINFÜHRUNG

1. Kritik am Lehrbuch

Wer sich als Student im Übersetzen biblischer Texte aus
dem Hebräischen übt, kommt schon bald einmal vor die Frage,
wie er das ihm als *Zeitwort* geläufige Verb adäquat zu übersetzen hat. Im bewährten Schulbuch von HOLLENBERG zB liest
er den lapidaren Satz: "Für die Zeiten (Vergangenheit, Gegenwart und Zukunft) hat das hebräische Verbum keine beson-
deren Formen"[1]. Mit anderen Worten: das Hebräische ist nicht
imstande, formal auszudrücken, ob eine Handlung in der Vergangenheit, Gegenwart oder Zukunft spielt. - Man denkt sich:
andere Sprachen, andere Sitten, und erfährt positiv, daß die
beiden Konjugationen "Perfekt" und "Imperfekt" lediglich aussagen, ob eine Handlung als vollendet, fertig, abgeschlossen
bzw unvollendet, dauernd, werdend zu gelten hat[2].

Dieses zwar etwas exotisch anmutende, aber in sich über-
zeugend geschlossene System wird kompliziert durch die Aussage über die Tempora consecutiva[3]. Da lernt der Student
nämlich, daß die im Perfektum (also abgeschlossene Handlung)

1 HOLLENBERG-BUDDE, Hebräisches Schulbuch 27.
2 Das Lehrbuch steht damit auf der von H. EWALD, Ausführliches Lehrbuch
  349f erstmals dargestellten und von S.R. DRIVER, A Treatise weiter-
  geführten Aspektlehre. Weitere Literatur vgl W. RICHTER, Grammatik I
  140 Anm. 448.
3 HOLLENBERG 31f.

begonnene Rede durch Imperfektum mit waw consecutivum *fort-
gesetzt* (daher offenbar "consecutivum") und so (wieso?) zum
bevorzugten Erzähltempus wird. Spiegelgleich verhält es sich
mit dem Perfectum consecutivum, das auf futurisch gebrauch-
tes Imperfekt oder auf Imperativ folgt, wobei man sich aber
fragen kann, a) wieso das hier nur nach dem futurisch ge-
brauchten Imperfekt gelten soll und b) woran man dieses als
"futurisch gebraucht" erkennen kann.

Die Not beginnt erst richtig, wenn wir diese Anweisungen
wörtlich nehmen und uns damit an die Übersetzungsarbeit machen. Das sei an einem leichten Text demonstriert: 2Kön 18.

Im einleitenden יהיו erkennen wir unschwer ein Impf cons.
Wundern wird man sich, wieso es hier "consecutiv" sein soll,
denn offensichtlich handelt es sich um eine Wiederaufnahme
des Erzählfadens nach der theologischen Betrachtung über den
Untergang des Nordreichs, deren letzter Vers mit Impf cons
beginnt und mit einer Partizipialkonstruktion schließt. Gehen wir dorthin zurück, wo der Faden verlassen wurde, so finden wir am Ende von 17,6 nicht das geforderte Perf, sondern
zwei Impf cons.

Das zweite finite Verb in v1 ist מלך. Es schließt direkt
an die vorangehende Zeitbestimmung an (="consecutio"), ist
aber gerade keine cons-Form, sondern reines Perfekt, also
"abgeschlossene Handlung". Nur: stimmt das? Bestimmt, zur
Zeit des Erzählers mag das König-Sein Hiskijas abgeschlossen
gewesen sein, aber im Rahmen der Erzählung ist es doch gerade so, daß berichtet werden soll, was sich zur Zeit seines
(andauernden) König-Seins ereignet hat. Wenn das Hebräische
schon ein so großes Gewicht auf Vollendet bzw Unvollendet
legen soll, daß es darob sogar die Zeitstufe vernachlässigen
kann, dann müßte man doch hier ein Impf erwarten. Es steht
aber Perfekt!

Die beiden Perf v2 stehen korrekt für eine abgeschlossene

Handlung, wenn der Vers als Glosse aus dem Gesichtspunkt des
Erzählers verstanden wird. Das Problem kommt erst mit ויעש
v3, das als Impf cons korrekt nach Schulbuch auf ein Perf
"folgt". Soll mit ויעש nun aber tatsächlich מלך weitergeführt
werden, so gehört dieses in die Erzählung und darf genau
nicht als abgeschlossen gefaßt werden: Hiskija tat ... *während* er König war.

Korrekt für abgeschlossene Handlung stehen עשה in v3 und 4
sowie היה in v4: David und Mose *hatten getan* bzw *gemacht,*
die Israeliten *waren* bis zu diesem Zeitpunkt räuchernd *gewesen* und von da ab nicht mehr. Aber worin unterscheiden sie
sich von den vier Perf וכתת ... וכרת ... ושבר ... הסיר v4,
die doch inhaltlich nichts anderes als eine erzählende Ampli-
fizierung des Impf cons ויעש sein, also bestimmte Ereignisse
als einfachhin in der Vergangenheit geschehend darstellen
wollen? - Vollends in Verwirrung bringt uns das ויקרא am Ende von v4. Daß Hiskija *als Folge* ("consecutio") des Hinaus-
wurfs die Eherne Schlange "Nechustan" genannt haben soll, ergibt doch keinen Sinn. Vielmehr wird es sich hier um eine Ge-
lehrtenglosse handeln, die diese Namengebung - ohne näheren
Zusammenhang mit dem Erzählungsablauf - an einem bestimmten
Ort in der Vergangenheit ansiedeln möchte: "*er* nannte sie ..."
Von irgendeiner "consecutio" ist jedenfalls keine Spur.

Nachdem der Glaube daran, daß Perf jedenfalls eine abgeschlossene Handlung meint und so zu Impf = unvollendet, dauernd, werdend in Opposition steht, schon hinreichend erschüt-
tert ist, könnten die drei Perf v5 den Gedanken nahelegen,
daß Perf nach einer anderen Theorie[4] zu Impf in der Opposi-

---

4 Es handelt sich hier um die Vorstellung oppositioneller Aktionsarten,
  wie sie zB in der geläufigen Grammatik von R. MEYER II 95 dargestellt
  ist und der auch das Lehrbuch von STRACK-JEPSEN 71f folgt. Sie gehen
  zurück auf H. BAUER, Tempora 16f. Weitere Literatur: W. RICHTER, Grammatik I 140 Anm. 447; C. RABIN, Hebrew 312 (der einen ausgezeichneten
  Einblick in die Problemgeschichte gibt).

tion Dauerhandlung, Zustand vs punktuelle Handlung, Ereignis stehen könnte. "Er hatte die Haltung des Vertrauens (בטח), wie vor und nach ihm keiner war (היה; היו)". Diese Hoffnung wird aber gleich im nächsten Vers enttäuscht, wo die Vertrauenshaltung Hiskijas durch וישמר ... לא־סר ... וידבק (Impf cons - Perf - Impf cons) amplifiziert wird. Die Ironie des Zufalls will es, daß hier genau das Perf am ehesten noch punktuell verstanden werden könnte: "er hing an (dauernd) ... wich kein einziges Mal ab (punktuell) ... er beobachtete (dauernd) ...".

Wenn sich jetzt schon die Vermutung meldet, daß Perf und Impf cons jedenfalls im vorliegenden Text unterschiedslos eine Handlung oder einen Zustand in der Vergangenheit auszusagen scheinen und daß die Wahl zwischen diesen beiden Verbformen vielleicht nur von Imponderabilia wie dem Stilempfinden des einzelnen Schriftstellers abhängt, so zeigt doch gerade v5f, daß die beiden Formen nicht beliebig vertauschbar sind. Aber der Grund ist nicht ein innerer, sondern ein äußerer formaler Zwang: die Copula waw duldet außer einem gleichgestellten Copulatum nichts vor sich, Verbformen mit waw müssen also notwendig immer an erster Stelle im (Teil-) Satz stehen. Sobald irgend ein Satzelement *vor* das Verb zu stehen kommt, wie zB לא oder אשר oder ein Nebensatz oder in diesem Fall das offenbar besonders betonte ביהוה אלהי ישראל, muß gezwungenermaßen immer eine Verbform *ohne* waw stehen.

Vers 6 stellt zudem erneut den Begriff des waw *consecutivum* in Frage. Das Lehrbuch legt nahe, וישמר als consecutio des Perf לא־סר zu interpretieren: "er wich nicht ab, sondern er (oder: indem er) bewahrte ...". Aber steht לא־סר nicht als Verneinung mit dem vorangehenden וידבק in logischem Zusammenhang? Wenn, dann müßte eine Abhängigkeit so konstruiert werden: "er hing Jahwe an, wich also von ihm nicht ab". In die-

sem Fall trifft die consecutio aber das Perf und gerade nicht
das sog. Impf cons.

Besser scheint auf den ersten Blick das Verhältnis in v9
zu liegen: עלה ... ויצר "er stieg hinauf um zu belagern". Aber
zB v17, wo mindestens zweimal Gelegenheit gewesen wäre, bei
ויעלו die ermüdende Kette von Impf cons zu unterbrechen,
macht wahrscheinlich, daß auch im Fall von v9 das Perfekt seine Wahl einem Formzwang verdankt, indem die vorangehende Zeitbestimmung eine waw-Form unmöglich machte: "es geschah: im
Jahre ... stieg er hinauf ... er belagerte".

Diese Beispiele ließen sich beliebig vermehren, während
es umgekehrt sehr schwer ist, Beispiele zu finden, wo das
Impf cons wirklich seinem Namen gerecht wird. Am ehesten lies-
sen sich anführen v12 ויעברו ... על אשר לא שמעו "weil sie nicht
hörten, sondern übertraten", und v22 ויאמר ... הוא אשר הסיר
"hat nicht gerade er entfernt, indem er sagte ...". Aber in
beiden Fällen ist der äußere Zwang für die Wahl einer Verbform ohne waw offensichtlich. Daß andererseits der Schriftsteller durchaus frei war, auch ein Perf an den Anfang des
Satzes zu stellen, wo er das für gut hielt, zeigen die Fälle v4 וכחת ... וכרת ... ושבר; v7 והיה (unsicher); v20 אמרת[5];
v36 והחרישו. In allen diesen Fällen fehlt aber ein zugehöri-
ges Impf cons.

Doch wenden wir nun unsere Aufmerksamkeit auch den *Impf*
und *Perf cons* in unserem Text zu.

In Vers 7 steht בכל אשר־יֵצֵא ישכיל, was die Einheitsübersetzung (EÜ) wiedergibt mit "in allem, was er unternahm, hat-

---

5 Wie die weitere Untersuchung zeigen wird, ist das Vorkommen von Perf
ohne waw zu Beginn des Satzes außerhalb der poetischen Literatur
dermaßen selten, daß hier wohl eine Textverderbnis angenommen werden
muß. - Das אמרת v14 steht nur scheinbar ungezwungen am Beginn des
Satzes. Tatsächlich versteht Hebr. die Einleitung zur Rede ("er
sprach ...") als Satzteil, was in jedem Fall eine waw-Form am Beginn der Rede verhindert.

te er Erfolg." Auf den ersten Blick bestätigt es sich: die
Opposition Perf vs Impf ist nicht eine Opposition zwischen
verschiedenen Zeitstufen. Wie bei den bisherigen Belegen von
Perf bzw impf cons haben wir hier eindeutig Aussagen, die sich
auf Handlungen in der Vergangenheit beziehen. Eine präsentische oder futurische Interpretation ist nicht möglich. Nun
schreibt das Lehrbuch Impf unter anderem für Handlungen vor,
die *dauernd* sind. Dieser Fall liegt hier vor. Aber sogleich
müssen wir uns fragen: worin unterscheidet sich die Dauer von
יֵצֵא und יַשְׂכִּיל von וַיִּדְבַּק und וַיִּשְׁמֹר im vorangehenden Vers? Der
theologische Hintergrund ist doch gerade der, daß das Wohlergehen eine direkte Folge des Anhangens an Jahwe und des Be-
obachtens seiner Gebote ist, die Dauer beider Aussagen also
notwendig identisch sein muß. Was hat also den Schriftsteller
veranlaßt, vom Erzähltempus unvermittelt ins Impf überzuwechseln? - Ein brauchbareres Kriterium wird sichtbar, sobald wir
das בכל אשר־יצא v7 mit dem analogen ככל אשר עשה דוד v3 unter
dem Gesichtspunkt des *Realitätsbezugs* vergleichen. Vers 3
wird auf die bekannten Taten Davids in der Vergangenheit verwiesen, und wir werden עשה adäquat mit dem Plqpf übersetzen:
" ... gemäß allem, was sein Vater David getan hatte". Hier bei
v7 liegt der Fall anders. Mit Sicherheit werden wir bei der
Übersetzung zuerst falsch einfahren: "Jahwe war mit ihm in
allem, was er unternahm." Erst das יַשְׂכִּיל zwingt uns, den Vers
von Grund auf zu überdenken und entsprechend zu interpunktie-
ren. Wir stehen hier vor zwei Möglichkeiten:
a) Wir können den gleichen Realitätsbezug herstellen wie in
v3: "Jahwe war mit ihm. In allem, was er unternahm (und seine Taten werden als bekannt vorausgesetzt, obwohl deren Aufzählung erst noch folgt), hatte er (wie bekannt) Erfolg."
Dies ist wohl auch die Meinung der EÜ. Nur wird man in diesem
Fall vergeblich weiterforschen, was den Schriftsteller veranlaßt haben könnte, hier Impf und v3 Perf zu wählen.

b) Wir können hier aber auch eine spezifisch theologische
Aussage interpretieren: "Jahwe war mit ihm. (Daraus folgt
unausweichlich:) In allem, was er unternahm (und ob er überhaupt etwas unternahm, ist hier vorerst nicht von Belang),
hatte er (notwendig) Erfolg". Versuchen wir nun, diesen Inhalt ohne erklärende Glossen auszudrücken, so kommen wir im
Deutschen um eine *modale* Audrucksweise nicht herum, sei es
mittels verallgemeinernder *Modalwörter:* "Jahwe war mit ihm.
In allem, was *immer* er *auch* unternahm, *pflegte* er Erfolg *zu*
haben", oder mittels eigentlicher *Modalverben:* "Jahwe war mit
ihm. In allem, was er unternehmen *sollte (mochte, konnte,*
würde), sollte (mußte) er Erfolg haben". Und damit haben wir
nun auch tatsächlich einen signifikanten Unterschied zwischen
v7 und v3: die Opposition *indikativisch* vs *modal*. Der *Reali-*
tätsbezug ist im einen Fall *direkt:* die Taten Davids werden
direkt angesprochen als allgemein bekannter Vergleichspunkt
für die Taten Hiskijas. Im anderen Fall ist er *indirekt:* die
(allfälligen) Taten Hiskijas interessieren nur auf dem Umweg
über die allgemeine Aussage, daß jeder Erfolg hat, mit dem
Jahwe ist.

Selbstverständlich läßt sich anhand eines einzelnen Bei-
spiels, das sich zudem auch mit Fug anders interpretieren
läßt, nicht gleich eine Hypothese aufstellen. Wenden wir uns
daher vorerst den weiteren Fällen von Impf und Perf cons in
unserem Text zu.

Die nächsten Belege finden wir in v14: את אשר־תתן עלי אשא.
EÜ gibt hier: "Alles, was du mir auferlegst, will ich tragen",
also Präsens und Modalverb mit Infinitiv. Aber der Realitätsbezug liegt hier klar zutage: auch beim Auferlegen ist nicht
von einer aktuellen Tätigkeit die Rede, vielmehr ist ganz offen, ob überhaupt je etwas auferlegt wird. Das dt. Präsens
steht hier nur korrekt, wenn es synkretisch als Futur oder
modaler Ausdruck mitverstanden wird. Um den intendierten Sach-

verhalt im Ausdruck präzis zu treffen, sind folgende Varian-
ten möglich: "Alles, was *(immer)* du mir auferlegen *wirst
(magst, willst, solltest, möchtest), will (werde)* ich tragen",
also beidemale modaler bzw futurischer Ausdruck für hebr Impf.

Es folgt als nächste Stelle v21: אשר יסמך ... ובא ... ונקבה.
Wieder übersetzt EÜ mit Präsens "das jeden, der sich darauf
stützt, in die Hand sticht und sie durchbohrt", aber wieder
ist es auch deutlich, daß hier nicht von einem aktuellen Geschehen die Rede ist, sondern vielmehr von einer als allge-
meingültig hingestellten Regel, deren Wahrheitsgehalt grundsätzlich ohne jeden Aktualitätsbezug bestehen bleibt. Adäquat
müßte die Übersetzung lauten: "Wer *immer auch* sich darauf
stützen *mag (sollte, wird),* es *wird* in seine Hand stechen und
wird sie durchbohren", also modaler oder futurischer Ausdruck, wenn wir nicht das umständliche *pflegen zu* bevorzugen[6].

Gleichzeitig begegnen wir hier erstmals dem Perf cons. Daß
es sich um ein solches handelt (ובא bzw ונקבה), ist beim
jetzigen Stand der Untersuchung eigentlich nur aufgrund eines
Zirkelschlusses klar. Auf der Ausdrucksebene fehlt in diesem
Fall die Begründung, da - wenn überhaupt - Perf cons bestenfalls an einer Akzentverlagerung erkennbar ist[7]. Und sollte
dies im Masoretentext (MT) gegeben sein (was hier nicht der
Fall ist), so ist letztlich doch der Konsonantentext (KT)
maßgebend, und dieser unterscheidet in *keinem* Fall zwischen
Perf mit waw copulativum (hier v7 והיה; v36 והחרישו) und dem

---

6 Daß es sich hierbei nicht um eine an den Haaren herbeigezogene Konstruktion handelt, daß vielmehr allgemeingültige Regeln offenbar eine ange-
  borene Affinität zu Modal und Futur haben, zeigt der Vergleich mit dem
  Englischen: "Oil will float on water", wo es weder um eine Willensäus-
  serung noch etwas Zukünftiges, sondern um ein Naturgesetz geht (Beispiel aus J. LYONS, Einführung 314). - Es sei schon hier auf das Buch
  der Sprichwörter als unerschöpfliche Fundgrube für hebr Impf bzw Perf
  cons bei allgemeingültigen Regeln verwiesen.
7 vgl W. SCHNEIDER, Grammatik 96: "Perfekt-consecutivum-Formen der 1.s.
  und der 2.s.m. sind oft auf der letzten Silbe betont".

sog. Perf cons. - Auch das Lehrbuch hilft uns nicht weiter,
denn wenn die beiden waw-Formen in der Übersetzung auch
durchaus abhängige Konstruktionen im Sinn einer wie auch immer gefaßten consecutio zulassen, so stellt sich doch die
Frage, ob dieses Element der Folgerung nicht auch bereits
von einem ordinären waw copulativum wahrgenommen werden könnte[8]. - Die Annahme zweier Perf cons ist hier also letztlich
nur im Vorgriff auf die im nächsten Kapitel dargestellte
Theorie möglich.

Endlich ganz auf dem Boden des Lehrbuches befinden wir uns
beim nächsten und letzten Vorkommen von Perf cons in unserem
Kapitel: ולקחתי v32 weist die geforderte Akzentverschiebung
auf und folgt - wenn wir wohl zurecht[9] das עד באי zum vorangehenden Vers rechnen - auch mit der nötigen consecutio auf
die Imperative von v31: "eßt und trinkt, bis ich komme. *Dann*
werde ich euch nehmen ...". Mangels weiterer Belege in diesem
Kapitel, auf das wir uns vorläufig beschränken, mag es dahingestellt bleiben, ob es sich dabei um eine zufällige, syntaktisch irrelevante Fügung handelt oder um eine verbindliche
Regel im Sinn des Lehrbuchs.

Eindeutig modal zu interpretieren ist חשתחוון v22. Es handelt sich um eine Aufforderung, die einem *Befehl* gleichkommt:
"Vor diesem Altar *sollt* ihr anbeten"[10]. - Auf den ersten
Blick schwieriger zu interpretieren ist כי תאמרון zu Beginn
des Verses. EÜ gibt "Wenn ihr aber zu mir sagt", also Präsens. Aus dem Zusamenhang wird aber sofort klar: die Gegen-
seite hat noch kein einziges Wort gesagt. Der Satz muß also
im *Potentialis*, dh im Deutschen korrekt *konjunktivisch (=mo-
dal)* übersetzt werden: "*sagtet* ihr mir" bzw "*solltet (würdet)*

---

8 vgl W. GESENIUS, Grammatik §154b.
9 gg EÜ: "dann kann jeder essen und trinken, bis ich komme und euch
   bringe".
10 so auch EÜ: "Nur vor diesem Altar ... dürft ihr euch niederwerfen".

ihr mir sagen". - Das Impf כי יציל v35 wird auch von EÜ modal
wiedergegeben: "Wie *sollte* dann Jahwe retten?".

Vers 23 bringt mit ואתנה einen auf der Ausdrucksebene als
modal gekennzeichneten Voluntativ: "ich will geben"[11] . Man
wird sich aber fragen, wieso der Verfasser nach dem vorangehenden Imperativ התערב nicht das vom Lehrbuch geforderte
und auch grammatikalisch mögliche Perf cons ונתתי gewählt hat.
Offenbar hält er sich an sein persönliches Stilempfinden und
schert sich einen Deut um das Lehrbuch. - Für אם תוכל ist
eine Erklärung als Potentialis immerhin möglich ("solltest
du können"), denn es ist keineswegs sicher, wird vielmehr
spöttisch in Frage gestellt, ob Hiskija das kann. Vgl dazu
aber unten zu v29!

Durch EÜ "wie willst du in die Flucht schlagen" als modaler Ausdruck gesichert ist איך תשיב v24. Ebenso ist אל ישיא
v29 als verneinter Imperativ wieder eindeutig modal: "laßt
euch nicht betören" (EÜ). - Das כי לא יוכל mit nachfolgendem
ל+inf steht wie oben v23 im Impf, aber mit dem Unterschied,
daß ein möglicherweise durch אם verursachter Potentialis hier
wegfällt. Eine futurische Interpretation "er wird nicht können" ist immerhin möglich. Aber auch ein indikativisch-aktu-
alisierendes "er ist nicht imstande zu ..." ist nicht auszuschließen. Für den Moment mag der Hinweis genügen, daß das
Modalverb יכל uns noch weiterhin beschäftigen wird [12].

Das nächste Impf אל יבטח ist als Willensäußerung eine klar
modale Aussage: "Er soll euch nicht verleiten, auf Jahwe
zu vertrauen" (EÜ). - Futurisch zu verstehen sind die beiden
folgenden finiten Verben הצל יצילנו und ולא תנתן "Jahwe wird
uns sicher retten und ... wird ... nicht in die Hände fallen"
(EÜ).

---

11 Das Präsens "ich gebe dir" von EÜ erweist sich somit als synkretisch
    gebraucht für modalen Ausdruck.
12 vgl unten Exkurs 1.

Vers 32 bringt mit וחיו ולא תמותו die Folge Imp - Impf. Die
vom Lehrbuch geforderte Folge Imp - Perf cons wird durch die
Verneinung wirksam verhindert. - Selbstverständlich ist כי
יסית לאמר (EÜ: "denn er führt euch in die Irre, wenn er sagt")
eine nicht-abgeschlossene Handlung. Ob aber *darauf* das Gewicht
der Aussage liegt und nicht vielmehr auf der Voraussage, daß
Hiskija unweigerlich in die Irre führen wird, sobald er den
Mund auftut (er hat bis anhin noch kein Wort gesagt)?

Beim letzten Beleg von Impf in unserem Text לא תענהו v36
handelt es sich ausdrücklich um einen *Befehl* (מצוה): "Ant-
wortet ihm nicht!" Da die Negation des Imperativs im Hebr.
nicht möglich ist, muß der Befehl modal umschrieben werden,
wofür offenbar Impf zuständig ist. Es irritiert, hier nicht
die prohibitive Negation אל zu finden. So könnte der Satz
futurisch zu lesen sein "ihr werdet nicht antworten!" und ist
dieses Futur im Hebr. analog zum Deutschen[13] als Imperativ
verstanden worden, der keinen Widerspruch duldet[14]. -

Ziehen wir Bilanz: Mit gutem Willen lassen sich durchaus
Fälle finden, wo die Forderungen des Lehrbuchs realisiert
scheinen. Sie verschwinden aber neben der Überzahl von Fällen, wo der Textbefund dem Lehrbuch offen widerspricht. Stellen wir daneben einmal versuchsweise die wilde Behauptung,
hebr. Perfekt sei Singular, hebr. Imperfekt hingegen Plural,
so kommen wir beim gleichen Textmaterial immerhin schon auf
die Zufallsquote von 48,6%. Das Resultat ist für das Lehrbuch
niederschmetternd, und wir tun gut daran, seine Tempustheo-
rien, die schon soviel Druckerschwärze gekostet haben, künftig stillschweigend zu begraben[15].

---

13 L. SALTVEIT, Verhältnis Tempus-Modus 173 bringt als Beispiel für diesen Ausdruck des Imperativs den Satz: "Du wirst fahren!"
14 Der gleiche Fall von apodiktischen Befehlen, die mit לא negiert werden, findet sich zB im Dekalog Ex 20,13ff bzw Dtn 5,17ff.
15 Für eine umfassende forschungsgeschichtliche Darstellung und Kritik
   der bekannten Tempus-Theorien verweise ich auf McFALL, The Enigma.

Diese pragmatische und recht summarische Abrechnung mit
dem Lehrbuch hat uns aber doch auf eine positive Spur gebracht: Könnte es nicht denkbar sein, daß die Opposition
hebr. Perfekt vs Imperfekt (und spiegelgleich Impf cons vs
Perf cons) letztlich auf eine Opposition der Funktionen
indikativisch vs *modal-futurisch* hinausläuft?

Da wird unser traditionelles Grammatik-Verständnis aber
gleich einen lauten Protest anmelden: indikativisch und
modal sind Modus-Kategorien, futurisch hingegen ist eine
Tempus-Kategorie, und da ist es logisch gar nicht zulässig,
sie zueinander in Opposition zu setzen. Ist es darüberhinaus
nicht gerade so, daß das Tempus Futur offenbar obligatorisch mit dem Modus Indikativ verbunden ist? Von den Tempusformen der Gegenwart und der Vergangenheit können modale Ausdrucksformen wie Konjunktiv, Optativ, Subjonctif, Kon-
ditionalis etc abgeleitet werden. Mir ist aber keine Sprache
bekannt, die zB einen Konjunktiv Futur entwickelt hätte.
Im Paradigma ist die Spalte neben dem Indikativ Futur immer
auffallend leer.

2. Futur und Modalbegriff

Wir werden unsere Spur nicht glaubwürdig weiterverfolgen
können, ohne dem Widerspruch gegen eine mögliche Opposition
Indikativ vs *Futur* wenigstens in etwa die Spitze genommen
zu haben.

Überraschenderweise genügt schon ein oberflächlicher Blick
auf die neuere linguistische Literatur, um zu sehen, daß gerade auf dem Gebiet Tempus/Modus einiges in Fluß geraten ist.

Dem Versuch von H. WEINRICH[1], die Tempora grundsätzlich
nicht mehr als Signale für bestimmte Zeitstufen anzusehen,
werden wir unten in einem Adaptionsversuch an die hebr. Grammatik[2] nochmals begegnen. Für uns hier interessant ist, daß
WEINRICH auch die Modi in einem Zug mit den Tempora zu den
Morphemen der erzählten bzw besprochenen Welt rechnen kann[3].
Den Begriff des "Modus" hingegen lehnt er generell als "un-
brauchbar bzw irreführend"[4] ab. Nach seiner Auffassung gibt
es "soviele 'Modi' als es Texte gibt. Ihr Gemeinsames ist jedoch allemal die Tempus-Metaphorik mit dem Bedeutungsrahmen

---

1 W. WEINRICH, Tempus. Stuttgart 1977 (3).

2 vgl unten Abschnitt III die Auseinandersetzung mit W. SCHNEIDER, Grammatik.

3 Nach seinen Beobachtungen nehmen Konditional I und II unter den besprechenden Tempora die Stelle von Futur I und II unter den erzählenden Tempora ein: S. 18 (deutsch) bzw S. 69 (französisch). - Ferner
  S. 63: "Von der deutschen Sprache wird gesagt, sie benutze das Futur
  fast nicht mehr, höchstens noch 'modal'. Das <u>wird</u> auch wohl so sein.
  Nur, daß natürlich in der hier vertretenen Auffassung die Unterscheidung zwischen einem richtigen 'Zukunftsfutur' und einem eher schiefen
  'Modalfutur' innerhalb des Tempus-Systems aufgegeben wird, so daß auch
  in der deutschen Sprache das Futur I und II ebenso wie das Konditional
  I und II vollgültige Tempora sind."

4 S. 244.

'eingeschränkte Gültigkeit'"[5].

   W. BARTSCH schlägt ein System der deutschen Verbformen vor, das überhaupt ohne den Begriff Futur auskommt. Er schreibt dazu: "Futur I und Futur II werden der lateinischen Grammatik überlassen. Die entsprechenden Formen finden im Modusbereich ihren Platz, aufgrund ihres allseits anerkannten potentiellen Charakters. Es ist nur die Konsequenz daraus, daß das sogenannte Futur I auch nach traditioneller Sicht fast ausschließlich modal verwandt wird und sich im deutschen Sprachgebrauch als Tempus trotz generationslanger 'lateinischer Lehre' nicht hat durchsetzen können und für das sogenannte Futur II kein temporaler Beleg zu finden ist"[6].

   Besonders aufschlußreich in unserem Zusammenhang sind die "Studien zum deutschen Futur" von L. SALTVEIT. Der Verf. weist nach, daß die Fügung werden+inf sich in unserer Sprache relativ spät für die Bezeichnung von etwas Zukünftigem durchgesetzt hat, daß sich gleichzeitig aber noch eine ganze Reihe sprachlicher Ausdrucksmittel entwickelt und erhalten haben, die imstande sind, die gleiche Funktion auszuüben, darunter die modalen Formen Imperativ, Konjunktiv Präsens und Fügungen mit den Präsensformen von Modalverben[7]. Nach seinen Beobachtungen "neigt jede nicht-indikativische Modusform im Präsens zu einer Verschiebung des Zeitausdrucks nach der Zukunft hin"[8]. Ob wir uns dessen hinreichend bewußt sind, daß unser deutsches Futur (werden+inf) ja auch keine eigentliche Tempus*form* sondern vielmehr eine "Zukunftsumschreibung"[9] ist, die aus einer modalen Fügung hervorgegangen ist und deshalb auch weitgehend modale Funktion [10] beibehalten hat? - Es sind

---

5 S. 210.
6 W. BARTSCH, System der Verbformen 108.
7 L. SALTVEIT, Verhältnis Tempus-Modus 11.
8 S. 16.
9 S. 28.
10 zB "er wird (schon) kommen".

analoge Beobachtungen an der englischen Sprache, die J. LYONS
zum Schluß kommen lassen: "Für die allgemeine Theorie der
Syntax kann als axiomatisch betrachtet werden, daß 'Zukünf-
tigkeit' eine Vorstellung ist, die quer durch die Trennung
von Tempus und Modus verläuft" [11].

Das mag für uns hier genügen. Halten wir soviel fest: Wenn
wir in den Schulgrammatiken verschiedener Sprachen neben der
Spalte "Futur Indikativ" die Spalte für andere Modi leer finden, so ist es ein Trugschluß, wenn wir deshalb glauben, Futur sei obligatorisch mit Indikativ verknüpft. Der Grund
wird vielmehr darin liegen, daß Aussagen über Zukünftiges von
Haus aus einen modulierten Realitätsbezug aufweisen und so
per definitionem wenn nicht eigentlich modal so doch in en-
ger Affinität zu modalen Aussagen gesehen und verstanden werden [12]. Damit ist unsere Vermutung, Hebr. könnte mit seiner
bescheidenen Auswahl an Formen des finiten Verbs die modale
Aussage mit dem Futur synkretisch unter der gleichen Form gefaßt haben, nicht nur grundsätzlich ermöglicht, sondern sogar
noch verstärkt worden: der Analogieschluß von anderen Sprachen her legt einen solchen Synkretismus sogar nahe. Einer
möglichen Opposition indikativisch vs futurisch liegt also
nichts mehr im Wege.

---

11 J. LYONS, Einführung 315.
12 Von da her mit Weinrich überhaupt die Existenz einer Zeitstufe Futur zu leugnen, schießt sicher über das Ziel hinaus. Es ist sonst
   nämlich nicht erklärlich, wieso die Sprachen sich (mit mehr oder weniger Erfolg, das sei zugegeben) darum bemühen, dafür einen spezifischen Ausdruck zu entwickeln.

3. Positiver Ansatz

Unser Verdacht geht in der Richtung, daß es sich beim hebr. Tempus-System um die fundamentale Opposition *indikativisch vs modal-futurisch* handeln könnte. Versuchen wir nun, mit dieser Hypothese einen etwas schwierigeren Text zu analysieren. Ich wähle den kaum kontroversen Text <u>Obadja 1-10</u> und stelle nebeneinander die Übersetzungsvorschläge der Einheitsübersetzung (EÜ), der Bible de Jérusalem (BJ) und der Oxford Bible (OB). Die *Abweichungen* von unserer Spur sind *kursiv* hervorgehoben.

	EÜ	BJ	OB
1 כה־אמר	so spricht	ainsi parle	thus says
Perf	präs	prés	pres
שמענו	wir haben gehört	j'ai reçu	we have heard
Perf	perf	passé composé	perf
שלח	wurde gesandt	était dépêché	has been sent
Perf	impf	plqpf	perf
ונקומו	auf!	marchons!	let us rise
Impf	nominal	imp	imp
2 נתתיך	ich mache	je te rends	I will make
Perf	präs	prés	*mod*
3 השיאך	hat betört	a égaré	has deceived
Perf	perf	p.c.	perf
יורדני	stürzt hinab	fera descendre	will bring
Impf	*präs*	fut	fut
4 תגביה	erhebst dich	t'élèverais	you soar
Impf	*präs*	cond	*pres*
אורידך	stürze hinab	je précipiterais	I will bring
Impf	*präs*	cond	mod
5 באו	wenn einbrechen	si venaient	if came
Perf	präs	impf	past tense
נדמיתה	bist du verloren	–	have been destroyed
Perf	*f.präs*		perf
יגנבו	stehlen sie?	déroberaient-ils	would steal
Impf	*präs*	cond	cond

(5)   בָאוּ   wenn sie kommen   si venaient   if came
  Perf   präs   impf   past tense
      יַשְׁאִירוּ   lassen übrig   ne laisseraient-ils would leave
  Impf   *präs*   cond   cond
6   נֶחְפְּשׂוּ   wird durchsuchen   a été fouillé   has been pilled
  Perf   *fut*   p.c.   perf
      נִבְעוּ   und durchstöbern   et explorés   and sought out
  Perf   *fut*   p.c.   past tense
7   שֻׁלְּחוּ   treibt fort   ont chassé   have driven
  Perf   präs   p.c.   perf
      הִשִּׁיאוּךָ   sie betrügen   se sont joués   have deceived
  Perf   präs   p.c.   perf
      יָכְלוּ   sie überwältigen   ont dupé   have prevailed
  Perf   präs   p.c.   perf
      יָשִׂימוּ   sie legen   ils tendent   have set
  Impf   *präs*   *prés*   *perf*
8   וְהַאֲבַדְתִּי   ich vernichte   je supprimerai   I will destroy
  Perf cons f.präs   fut   mod
      וְחַתּוּ   sie packt   seront figés   shall be dismantled
  Perf cons f.präs   fut   mod
      יִכָּרֵת   sie w. vernichtet afin que soit retr. will be cut off
  Impf   f.präs   subj   fut
      תְּכַסֶּה   sie bedeckt   couvrira   shall cover
  Impf   *präs*   fut   mod
      וְנִכְרַת   wirst ausgerissen tu disparaîtras   shall be cut off
  Perf cons (f)präs   fut   mod

Die Auflistung ergibt folgendes Bild:

MT	EÜ	BJ	OB
13 x Perfekt	7 x Präsens	7 x passé comp.	8 x perfect
	2 x Perfekt	2 x présent	3 x past tense
	1 x Imperfekt	2 x imparfait	1 x present
	2 x Futur	1 x plqpf	*1 x modal*
	2 x f.Präsens[1]		
3 x Perf cons	3 x f.Präsens	3 x futur	3 x modal
9 x Imperfekt	1 x f.Präsens	4 x condit.	2 x future
	7 x Präsens	2 x futur	2 x conditional
		1 x subjonctif	2 x modal
		1 x impératif	1 x imperative
		1 x présent	*1 x present*
			1 x perfect

Es zeigt sich eine interessante Konstellation:

---

1 Als futurisches Präsens (f.präs) sind nur jene Belege bezeichnet, die
  durch Umschreibung (hier: "<u>dann</u> bist du verloren") oder aus dem Zusammenhang eindeutig futurisch bestimmt sind.

- in der Vertikalen: an der Übersetzung von EÜ bewährt sich
unsere Theorie nicht; 11 Abweichungen stehen nur 14 Entsprechungen gegenüber. Bei OB jedoch ist das Verhältnis 3:22,
bei BJ sogar ein überzeugendes 1:23. Eher denn unsere Theorie scheint wohl EÜ korrekturbedürftig zu sein.
- in der Horizontalen: die 3 Perf cons sind durchgehend modal bzw futurisch übersetzt worden. Bei den 13 Perf ergeben
sich 5 Abweichungen auf 34 indikativische Übersetzungen, die
9 Impf hingegen weisen 10 Abweichungen auf 16 modale bzw futurische Übersetzungen auf, wobei allerdings gleich 7 Abweichungen auf Kosten von EÜ gehen.

Blättern wir wieder zurück zur synoptischen Darstellung
S. 16f. Von den 25 finiten Verben in unserem Text sind 14,
also jedenfalls über die Hälfte, durchgehend unserer Vermutung entsprechend übersetzt worden. In 9 Fällen ergibt sich
immer noch eine Zweidrittelsmehrheit, während nur in je einem
Fall zwei oder gar alle drei Übersetzungen sich dagegen aus-
sprechen.

Es ist hier nicht der Ort, diesen Abweichungen im Detail
nachzugehen, so interessant das auch wäre[2]. Halten wir für
den Moment soviel fest: Mit einer durchschnittlichen Erfolgsquote von knapp 80% ist das Resultat an diesem keineswegs
sehr einfachen Text doch recht ermutigend ausgefallen.

---

2 Es sei immerhin darauf hingewiesen, daß die Vulgata den offensichtlich
   schwierigen Tempuswechsel bei ‏ישׂימן‎ v7 mit einem überraschenden Wechsel von Perfekt zu Futur honoriert!

4. Grammatik und Bibelkritik

Nun ist es bislang allerdings das Schicksal jeder Tempus-
Theorie am biblischen Hebräisch gewesen, daß sich mit Leichtigkeit die nötigen Belege finden ließen, die einer solchen
Theorie diametral entgegenstanden. Es genügt, die von A.
SPERBER[1] gesammelten Belege für die widersprüchlichsten Tem-
pusfunktionen der gleichen hebr. Verbform durchzugehen, um
zum Schluß zu kommen, daß man sich notgedrungen auf möglichst
schwache, unverbindliche Nuancierungen einigen muß, wenn man
- wenn überhaupt - die Existenz *zweier* formal distinkter hebr.
Konjugationssysteme sprachlogisch rechtfertigen will. Es ist
dann nur die letzte Konsequenz aus dieser Situation, wenn
die "die neuen Erkenntnisse der Bibelwissenschaft"[2] berück-
sichtigende EÜ in der praktischen Übersetzungsarbeit überall
dort, wo nicht eindeutiges Erzähltempus vorherrscht, sich
weitmöglichst auf das polyvalente und damit indifferente und
aussagearme Präsens zurückzieht. Wie der Vergleich mit den
traditionelleren Übersetzungen BJ und OB sofort zeigt, ist
das Resultat - abgesehen von der Sprachverarmung - ein fla-
cher, spannungsloser Text, der es weitgehend dem Leser überläßt, bei legitimen Fragen an das Verbum das ganze Relief
verbaler Ausdrucksmöglichkeiten selbst heraus- bzw hineinzu-

---

1 JBL 62/1943, besonders 192-198. Seiner Konklusion: "Both perfect and
  imperfect are interchangeably used to indicate present, past or future" (198) ist allerdings entgegenzuhalten, daß er die Belege nach eigenem Ermessen frei interpretiert und weder text- noch literarkritische
  Fragestellungen in Betracht zieht.
2 Einleitung zur Ausgabe 1980.

lesen.

Nun sind *Harmonisierung* und *Nivellierung* aber die Erzfein-
de jeder ernsthaften Bibelarbeit, sei sie text-, literar-,
traditionskritisch oder eigentlich theologisch motiviert. Wie
leicht dahingegen die Dinge ins Rollen geraten, sobald man
sich angewöhnt, über Spannungen im hebräischen Tempus nicht
mehr einfach hinwegzulesen, soll zum Abschluß dieser Vorüberlegungen gezeigt werden.

Bei dieser Gelegenheit wird gleichzeitig ein Problem auftauchen und seine pragmatische Lösung finden, das uns unter-
schwellig im weiteren Verlauf dieser Arbeit immer wieder begegnen wird. Es handelt sich um die Grundsatzfrage: Wie weit
dürfen und sollen *Sprachforschung* und *Textforschung* – letzteres hier als Text- und Literarkritik – miteinander vermengt
werden? Für den orthodoxen Linguisten steht es außer Frage:
er hat den Text so zu nehmen, wie er da steht[3]. Jedes Korrigieren und Manipulieren an seinem Forschungsgegenstand ist
ihm untersagt. – Wenn wir im Folgenden immer wieder gegen
diese Regel verstoßen, so verlangt das neben der pragmatischen auch eine theoretische Rechtfertigung.

Die entscheidende Überlegung ist, daß wir in der hebr. Bibel nicht den Autograph eines bestimmten Autors aus einer bestimmten Zeit- und Sprachepoche vor uns haben, sondern eine
Literatursammlung, deren Entstehungs- und Überlieferungsge-
schichte bis hinauf zu den je ältesten greifbaren Handschrif-
ten lang und kaum sehr gradlinig war. Wir müssen damit rechnen, daß die vielen Hände, durch die der Text gelaufen ist,
bis er auf uns kam, ihre Spuren daran hinterlassen haben, sei
es in Form von Überlieferungsfehlern, sei es in Form eigentlicher Be- und Überarbeitungen. Den Text so zu nehmen, wie er

---

3 Ich verdanke diesen Hinweis (und sehr anregende Gespräche) Herrn Prof.
  Chaim RABIN in Jerusalem.

sich unbesehen anbietet, hieße Gefahr laufen, sich mit einer
Sprache zu beschäftigen, die es *so* gar nie gegeben hat. Unter
diesen Voraussetzungen wird auch der Sprachforscher nicht darum herumkommen, sich des von der modernen Bibelkritik be-
reitgestellten Instrumentariums der Text- und Literarkritik
zu bedienen, wenn er nicht früher oder später vor den zahlreichen Aporien, vor die der Textus Receptus ihn stellt, ka-
pitulieren will.

Das Textbeispiel ist <u>Ez 18,5-9</u>.

In den Versen 5-17 wird in einem Dreigenerationen-Schema
illustriert, daß jeder für seine eigenen Taten verantwortlich ist. Die drei Schritte haben den gleichen Aufbau: ein-
gerahmt von einer Einleitung (v5 bzw 10 bzw 14) und einem
Urteil (v9 bzw 13 bzw 17) werden in einer unterschiedlichen
Zahl von Verbalsätzen (Vater 15, Sohn 9, Enkel 11) bestimmte
verwerfliche bzw tugendhafte Akte aufgezählt. Während diese
Aufzählung nun beim Enkel durchgehend im Perf geschieht und
beim Sohn dieses Tempus bis auf eine einzige Ausnahme[4] beibehalten ist, zeigt sich beim Vater ein sonderbares Durch-
einander:

	Perf	Imperf	Zimmerli[5]	
5		כי יהיה	wenn ... ist	(Einleitung)
	ועשה		Gerechtigkeit übt	(Aufzählung)
6	לא אכל		nicht ißt	
	לא נשא		nicht erhebt	
	לא טמא		nicht unrein macht	
		לא יקרב	sich nicht naht	
7		לא יונה	niemanden bedrückt	
		ישיב	zurückgibt	

---

4 לא ישיב v 12 parallel zu v7. Beim Enkel steht das Verb im Perfekt:
השיב v17.
5 Übersetzung von W. ZIMMERLI, Ezechiel 391.

(7)	לא יגזל	nicht an sich reißt
	יתן	gibt
	יכסה	deckt
8	לא יתן	nicht gibt
	לא יקח	nicht nimmt
	ישיב	sich fernhält
	יעשה	Gericht hält
9	הלך(י)[6]	wandelt
	שמר	beachtet

יחיה	leben soll er	(Urteil)

Wie ist dieser zweimalige Tempuswechsel in einer listen-
artigen, also per definitionem parataktischen Aufzählung zu
interpretieren? Überhaupt nicht, das ist offenbar die Meinung
der neueren Übersetzer. ZIMMERLI sowie EÜ, BJ und OB haben
sich übereinstimmend auf den indifferenten präsentischen Ausdruck geeinigt. Bei den alten Übersetzern LXX und Vulgata
hingegen muß man vermuten, daß sie gemerkt haben, daß hier
etwas nicht stimmt, daß sie aber sichtlich nicht wußten, wie
sie mit dieser Beobachtung fertig werden sollten. Die Septuaginta schwankt - teils grammatisch bedingt - zwischen Futur
und conj aor beim Vater, wechselt dann aber beim Sohn und
Enkel in den ind aor über. Die Vulgata hingegen konstruiert
drei Blöcke: conj perf für den Vater, pt präs für den Sohn
und wieder conj perf für den Enkel.

Die Sachlage wird auf einen Schlag einsichtig, sobald wir
konsequent hebr. Perfekt indikativisch, hier zB mit dem deutschen Imperfekt, hebr. Imperfekt hingegen modal übersetzen
(folgende Seite).

Die literarische Genese dieses Lehrstücks läßt sich leicht
ausmalen: Jemand möchte in einem Lehrbeispiel erzählen, wie

----

6 Mit BHS nehme ich an, daß das yod eine Dittographie ist, wohl verur-
sacht durch den unerwarteten Tempuswechsel.

```
        hebr. Perf                  hebr. Impf
5  (Angenommen, da sei einer - ein orthodoxer Gerechter)
   der übte
6  der nicht aß
      nicht erhob
      nicht unrein machte
                              darf sich nicht nahen
7                                 auch niemand bedrücken
                              muß zurückgeben
                              darf nicht an sich reißen
                              soll auch geben
                                 und decken
8                             darf nicht geben
                                 auch nicht nehmen
                              muß sich fernhalten
                              und soll Gericht halten
9  sondern wandelte
   und beobachtete:
```

```
   (leben soll er          dh jetzt stimmt es)
```

ein gerechter Mann aussieht (linke Spalte). Ein Moralist be-
kommt diesen Text in die Hand, ruft aus: "Ha, da fehlt noch
einiges!", setzt sich hin und kritzelt die Ergänzungen an
den Rand, selbstverständlich in der Modalform (rechte Spalte). Ein gehorsamer Kopist, der den Text abschreiben soll,
weiß nichts besseres zu tun, als die Randglosse, die ja auch
nicht verloren gehen darf, ungeachtet der grotesken Spannung,
die damit entsteht - aber vielleicht war er des Hebräischen
auch nicht mehr so ganz mächtig - tale quale in den Text ein-
zufügen. Das Resultat ist dann der Text, so wie er uns vorliegt. - Auch wenn man sich den Verlauf weniger blumig vorstellen will, soviel ist deutlich: der zweimalige Tempuswech-
innerhalb der Liste hat mit Grammatik nichts zu tun. Er läßt

sich glaubhaft literarkritisch erklären.

Von daher wird auch sofort deutlich, wieso LXX und Vulgata vor einem unlöslichen Rätsel standen: sie hatten den heiligen Text in seiner Integralität zu übersetzen und mußten schauen, wie sie mit den ihnen zur Verfügung stehenden Mitteln damit fertig wurden[7]. Literarkritisches Operieren am Text ist erst in der Neuzeit denkbar und durchführbar geworden. Diese Tatsache werden wir uns im weiteren Verlauf der Arbeit immer wieder vor Augen halten müssen.

---

7 Das Gleiche gilt – mutatis mutandis – natürlich auch für die modernen Übersetzungen, die den Text in seinem Endzustand in eine lesbare Form bringen müssen.

II. THESE

1. Terminologie

Bevor wir aus den bisherigen Beobachtungen eine Arbeits-
hypothese formulieren, deren Gültigkeit sich dann am Text zu
erweisen hat, muß zuerst die Frage der *Terminologie* bereinigt
werden.

Die Bezeichnung der beiden hebr. Konjugationsformen mit den
aus der lateinischen Grammatik übernommenen Termini "Perfekt"
und "Imperfekt" mag im Zusammenhang mit der Aspekt-Theorie
ihre Berechtigung haben. Da wir diese Theorie hier aber verlassen, verliert sie ihren Sinn und wird mißverständlich.
Ich werde hier künftig die funktionsneutralen, morphologisch
begründeten Termini *Suffixkonjugation,* Abk. *suff* (für bisher
"Perfekt") und *Präfixkonjugation,* Abk. *pref* (für bisher "Imperfekt") verwenden[1].

Ebenso verlassen wir die Theorie, die zur Benennung von
sog. consecutiv-Formen geführt hat. Wenn ich diese Formen
künftig *conversiv-Formen* (Abk. *c-pref* bzw *c-suff*) nenne, so
geschieht das sicher im Zusammenhang mit meiner These. Ich
kann dabei aber auf eine Benennung zurückgreifen, die vor
EWALD[2] geläufig war und wie sie sich außerhalb des deutschen
Sprachraumes noch weitgehend erhalten hat[3].

---

1 vgl W. RICHTER, Grammatik I 139 Anm. 445.
2 Grammatik 161; cf M. LAMBERT, Le vav conversif 47.
3 zB F.R. BLAKE, Waw conversive; J. BLAU, Marginalia 26; M. LAMBERT, Le

Da reines pref bzw suff selten am Anfang des Satzes steht,
bezeichne ich es mit *x-pref* bzw *x-suff*, wenn noch etwas (x)
vorangeht. x kann dabei eine Partikel[4], ein Wort, einen Satzteil, einen Nebensatz sowie die Einleitung zur direkten Rede
bezeichnen. Diese Bezeichnung ist insofern von Belang, als
dem Verfasser in diesem Fall eine conversiv-Form, die stets
am Anfang eines (Teil-)Satzes stehen muß[5], nicht möglich war,
er hätte denn die ganze Satzkonstruktion umstellen müssen. -
Die Bezeichnung *w-pref* bzw *w-suff* setze ich ein, wo das Verb
durch die nicht-konvertierende Kopula waw eingeführt wird. -
Wo tatsächlich eine reine Verbform am Beginn des Satzes steht,
bezeichne ich das mit *o-pref* bzw *o-suff* (o=Null).

Die Frage, ob die da und dort zu beachtende morphologische
Differenzierung von pref in Langform und Kurzform auch eine
Differenzierung im Tempusbezug mit sich bringt, sei hier
vorläufig ausgeklammert. Sie wird unten im Anhang 1 systematisch zur Sprache kommen.

---

vav conversif 250; P. JOÜNON, Grammaire 319: waw inversif; A. CARROZZI-
NI, Grammatica 50f: waw inversivo.

4 Darunter fällt auch das Frage-ה, nicht aber die Konjunktion אך, wie
sich unten im Anhang 4 zeigen wird.

5 Offenbar beharrt auch das waw conversivum auf dem syntaktischen Platz
der Kopula. Der Grund dafür wird sich ebenfalls im Anhang 4 zeigen.

2. Die These und ihre Vorgeschichte

Meine These lautet nun wie folgt:

1. *o-suff, x-suff, w-suff einerseits und c-pref anderer-*
   seits sind inhaltlich identisch und je nach Stilempfin-
   den des einzelnen Schriftstellers grundsätzlich[1] aus-
   tauschbar.
2. *Das gleiche gilt von o-pref, x-pref, w-pref einerseits*
   und c-suff andererseits[2].
3. *suff und c-pref (ich fasse sie künftig unter dem Sammel-*
   namen recto-*Formen) machen eine indikativische Aussage.*
4. *pref und c-suff (*obliquo-*Formen[3]) machen eine modale*
   bzw futurische Aussage.

Da muß ich jetzt gleich mit dem Einwurf rechnen: Ja wenn
die Dinge wirklich *so* einfach liegen, wieso soll dann bislang immer daran vorbeispekuliert worden sein? Wieso ist
nicht längst schon jemand draufgekommen?

In der Frage des waw conversivum kann ich die Antwort leicht
geben: Sie war schon seit je selbstverständliche Auffassung
der jüdischen Grammatiker[4], bis sich die kritische Forschung

---

1 Vgl die Einschränkungen bei W. GROSS, Verbform 163.
2 Mit anderen Worten: waw conversivum <u>dreht um</u>, dh gibt der pref-Form
  die Funktion der suff-Form und umgekehrt.
3 Mit diesen Bezeichnungen soll die Grundüberlegung eines unterschiedlichen Realitätsbezugs signalisiert werden: recto = direkt; obliquo =
  gestört, krumm, auf Umwegen.
4 Belege bei LAMBERT. - Ibn Esra im 12. Jahrhundert ist mit der Funktion
  des waw conversivum jedenfalls vertraut (W. BACHER, Abraham Ibn Esra
  103). Vgl auch die Funktionsdarstellung bei E. BLAU, Grammar 46; Problem of Tenses 26. - Die umfassendste forschungsgeschichtliche Darstellung ist bei McFALL, The Enigma, zu finden.

im letzten Jahrhundert der Materie bemächtigt hat. Mein Denk-
schritt ist somit lediglich die reumütige Rückkehr zum alt-
ehrwürdigen waw-hippuk (dem Umkehr-waw) nach einer Eskapade,
die außer Verwirrung und Unsicherheit wenig gebracht hat.

Auch bezüglich meiner Deutung der Opposition recto vs obliquo kann ich mich auf eine alte Tradition stützen. Für die
mittelalterlichen Grammatiker war es offenbar außer Frage,
daß suff/c-pref die Vergangenheit, pref/c-suff hingegen die
Zukunft bezeichnen[5], wenn ihnen auch durchaus Ausnahmen bekannt waren. Erst die Theorie vom *waw consecutivum*, die von
Lehrbuch zu Lehrbuch getreulich übernommen[6] und bestenfalls
an ein paar ausgewählten Paradigmen erläutert, mW aber nie
über eine Textstrecke hinweg kritisch überprüft wurde, hat
dem Verständnis der hebr. Tempusformen schier unüberwindli-
che Hindernisse in den Weg gelegt. Denn jetzt mußten Funktionen gefunden werden, die für suff und das entgegengesetzte
c-suff bzw für pref und das entgegengesetzte c-pref *gleicher-
weise* zutreffen konnten. Dabei liegt auf der Hand, daß aus
dieser Quadratur des Zirkels nur noch Nuancen und subtile
Schattierungen resultieren konnten, die a) für die Bibel-
und Übersetzungsarbeit von so wenig praktischem Wert waren,
daß sie ruhig vernachlässigt werden konnten, und b) für eine
präzise und systematische Kontrolle am Text in ihrer Opposition so schwer faßbar waren, daß sie sich einer solchen
Kontrolle praktisch entzogen[7]. - Der im Gefolge dieser Miß-

---

5 W. BACHER, Abraham Ibn Esra 103; 126.
6 Die Darstellung zB von J.P. LETTINGA, Grammaire 88 oder W. SCHNEIDER,
   Grammatik 96 unterscheidet sich kaum von dem, was HOLLENBERG im letzten Jahrhundert gelehrt hat.
7 An Kritik hat es allerdings nicht gefehlt, zB J. STRONG in Hebraica
   1886, 107f. - Aus Kompetenzgründen kann ich nicht auf Theorien eingehen, die das hebr. Tempus-System aus dem Akkadischen oder Ägypti-
   schen - dh das Unbekannte aus dem noch Unbekannteren - erklären wollen, die aber den Vorteil haben, daß der Kreis jener, die mitreden
   können, sich sofort stark einschränkt.

deutung der conversiv-Formen axiomatisch gewordene Satz, daß
die hebräischen Tempora eben keine "Tempora" seien[8], hat zudem einer unvoreingenommenen Forschung massive Einschränkungen auferlegt. Daneben hat sich aber - offenbar nicht zuletzt
von jüdischen Forschern getragen - im außerdeutschen Sprach-
raum eine Linie gehalten, die zäh daran festhielt, daß wir
es bei den hebr. Tempora letztlich halt doch mit Zeiten zu
tun haben[9]. Mein Beitrag dürfte lediglich darin bestehen,
Tempus und *Modus* ins richtige Verhältnis zu bringen.

Besonders erwähnen, weil er meine eigene Arbeit zT voraus-
genommen und übertroffen hat, möchte ich W.H. BENNETT. In der
Auseinandersetzung mit zwei zeitgenössischen Lehrbüchern, die
auf die Aspekt-Theorie eingeschwenkt waren, hat er über
30 000 finite Verbvorkommen der hebräischen Bibel auf ihren
Zeitbezug hin analysiert[10]. Dabei geht er von folgender Opposition aus: recto = past tense vs obliquo = future, present,
subjunctive. Für die eine Seite ist sein Resultat fast un-
glaublich positiv: für suff kann er eine Abweichungsquote
von 0,566%, für c-pref sogar eine solche von nur 0,005% nachweisen. Etwas zahlreicher sind die Abweichungen auf der obliquo-Seite: bei pref sind es 0,2% "schwierig" und 0,13% "unmöglich", bei c-suff jedoch 3,75% "schwierig" und 4,3% "unmöglich". Im Total gibt das eine Abweichung von 1,85%, was
immer noch ein überzeugendes Resultat ist. - Jetzt wäre es

---

8 So zB S.H. SIEDL, Tempussystem 7 mit der massiven Vorentscheidung:
   "Jede Untersuchung des 'Tempussystems' in semitischen Sprachen wird
   von der Tatsache ausgehen müssen, daß das semitische Zeitwort zu-
   nächst eben kein Zeitwort ist".
9 zB E. BLAU, Grammar 45: suff "roughly corresponding to the 'past'";
   pref "roughly corresponding to present-future"; P. JOÜNON, Grammaire 294-304, der "faute de mieux" als Bezeichnung für die beiden hebr.
   Verbformen "Parfait" bzw "Futur" wählt, sieht neben dem Aspektbezug
   folgende Zeitbezüge realisiert: für suff passé, présent, futur, futur passé; für pref futur, futur passé, présent, passé, dazu eine
   "nuance modale: pouvoir, devoir, vouloir".
10 Hebraica 2,3,5.

eigentlich darum gegangen, diese Abweichungen genauer unter
die Lupe zu nehmen, was bestimmt noch auf einige Modifika-
tionen aufmerksam gemacht hätte. Leider hat BENNETT das un-
terlassen. Aber auch weitere Mängel müssen signalisiert werden. So entnimmt BENNETT sein Belegmaterial fast ausschließlich leichten Erzählungs- und Gesetzestexten [11]; eine Tempus-
Theorie wird ihre Gültigkeit und Brauchbarkeit aber gerade
an schwierigen poetischen und prophetischen Texten unter Beweis stellen müssen. Noch schwerer wiegt ein anderer Mangel,
den BENNETT selbst zugibt: daß bei seiner Arbeitsmethode [12]
natürlich ein starkes subjektives Moment nicht ausgeschlossen ist. Ein anderer Forscher würde wahrscheinlich da und
dort die gleichen Fragen anders beantworten und könnte so
das Resultat nicht unwesentlich verändern. Wir werden uns im
Folgenden bemühen müssen, diese Mängel methodisch auszuschal-
ten. Aber der zu Unrecht kaum beachteten Arbeit von BENNETT
werden wir unseren Respekt nicht versagen dürfen.

---

11 Der Löwenanteil entfällt auf Hexateuch, Ri, Rut, Sam, Kön, Chr, Esra
   und Neh, die er vollumfänglich analysiert hat.
12 Seine stereotype Frage lautet: läßt sich ein Verb sicher, schwierig,
   unmöglich so übersetzen, wie die Theorie es will?

III. METHODE

1. Gefahr der petitio principii

Jede grammatikalische Theorie an einer Fremdsprache, die
von dem, der sie entwickelt, auch kontrolliert werden soll,
unterliegt methodisch der Gefahr des logischen Zirkelschlusses. Wenn ich meine Theorie am Text bestätigt sehen will,
brauche ich nur den fremdsprachigen Text meiner Theorie entsprechend zu übersetzen, und schon ist der Zirkelschluß perfekt. Es ist das Bild vom Baron Münchhausen, der sich am
eigenen Zopf aus dem Sumpf zieht.

Als keineswegs so abseitiges Beispiel, an dem sich dieser
methodische Fehler studieren läßt, mag die Arbeit von O.L.
BARNES[1] dienen. Seine Tempus-Theorie, die uns hier nicht weiter zu interessieren braucht, findet er "without a single ex-
eption in its application" am Text bestätigt, wie er gleich
dreimal unterstreicht (IV, 4, 5). Ein Muster seiner Übersetzung mag aber genügen, um ernste Bedenken zu wecken: "So
it has come to pass, if you are diligently obeying my com-
mands which I command you this day ... then I have already
granted rain for your land ... and have already given grass ...
and you have eaten and been satisfied ..." (S.103: Dtn 11,13-
17). - Futur oder Vergangenheit, that's the question. Ob man
die Gesetze der Logik, nach denen das Bedingte auf die Bedingung zu folgen hat, freihändig so umgehen kann? Sicher

---

1 O.L. BARNES, A New Approach ... without Recourse to Waw-Consecutive.
Diss. Oxford 1965.

könnte man - was wohl auch suggeriert werden soll - im "then" ein Signal für futurum exactum sehen, aber dieses Signal fehlt jedenfalls im hebräischen Text. Und sicher könnte man einwenden, das religiöse Denken folge eben einer eigenen Logik - aber dieser Aporie möchten wir doch so weit als möglich entgehen.

Besonders bei erzählenden Texten kann uns die innere Logik des Erzählungsablaufs eine wirksame Hilfe bei der Bestimmung der Zeitstufen des Vorher, Jetzt und Nachher sein. Aber bei poetischen und prophetischen Texten der Bibel verläßt uns diese Übersetzungshilfe oft empfindlich. Ein weiteres Beispiel mag dies illustrieren. D. MICHEL[2] bringt S. 90ff eine überzeugende Reihe von 20 Belegen, wo hebr. "Perfectum als Ausdruck zukünftiger Handlungen" steht[3]. In jedem Fall gibt seine futurische Übersetzung einen durchaus vertretbaren Sinn. Der Vergleich mit anderen Übersetzungen zeigt aber sofort, daß es auch noch andere Verständnismöglichkeiten gibt, die ebenfalls einen vertretbaren Sinn ergeben:

	MT	Michel	EÜ	Zü.B.[4]	LXX	Vulgata
Ps 85,2	רצית	fut	perf	perf	aor	perf
	שבת	fut	perf	perf	aor	perf
3	נשאת	fut	perf	perf	aor	perf
	כסית	fut	perf	perf	aor	perf
4	אספת	fut	perf	perf	aor	perf
	השיבת	fut	perf	perf	aor	perf
Ps 10,16	אבדו	fut	präs	perf	imp	fut
Ps 37,28	נשמדו-x	fut	präs	präs	fut	fut
	נכרת-x	fut	präs	präs	fut	fut
38	נשמדו-x	fut	präs	präs	fut	fut
	נכרתה-x	fut	nom	präs	fut	fut
Ps 44,8	הושעתנו-x	fut	perf	präs	aor	perf
	הבישות-x	fut	präs	präs	aor	perf

2 D. MICHEL, Tempora und Satzstellung in den Psalmen.
3 Mit einer analogen, aber weit umfangreicheren Liste, die sich bei McFALL, The Enigma findet, habe ich mich unten im Anhang 3 detaillierter auseinandergesetzt.
4 Zürcher Bibel (Zürich 1942), mE immer noch eine der zuverlässigsten deutschen Übersetzungen.

Ps 37,20	כלו	fut	präs	fut	aor	fut
Ps 102,14	כי בא	fut	präs	nom	aor	perf
17	כי בנה	fut	präs	fut II	fut	perf
	נראה	fut	präs	fut II	fut	fut
18	פנה	fut	präs	fut II	aor	perf
	לא בזה	fut	präs	fut II	aor	perf
Ps 31,6	פדיתה	fut	perf	präs	imp	perf

Wer hat nun recht? Im Fall einer lebenden Sprache wäre die
Antwort leicht von einem kompetenten Informanten[5] zu erfragen.
Das biblische Hebräisch aber ist eine tote Sprache[6]. Wären
uns die biblischen Texte ohne jede Übersetzungshilfe überliefert, so müßten sie uns unverständlich bleiben. Jedenfalls gibt es keinen einzigen lebenden Menschen, den wir
fragen können, wie dieses und jenes Wort, dieser und jener
Satz von seinem Autor verstanden worden ist. Wenn wir trotzdem zurecht den Eindruck haben dürfen, den hebräischen Text
auf weiteste Strecken ganz gut zu verstehen, so deshalb, weil
die hebräische Bibel nicht auf einer sprachlichen und kultu-
rellen Insel entstanden und weitergegeben worden ist. Eine
wichtige Rolle spielen da im indogermanischen Bereich die
beiden Übersetzungen Septuaginta und Vulgata. Wie weit können wir von ihnen kompetente Auskünfte erwarten?

---

5 Zum Thema der Sprachkompetenz vgl N. CHOMSKY, Aspekte 32ff.
6 Vgl W. RICHTER, Grammatik I 5ff.

2. Kompetenzgrad von LXX und Vulgata

Für uns hier von besonderem Interesse ist, daß die Funde
von Qumran zweifelsfrei erwiesen haben, daß es jedenfalls
eine Zeitspanne gegeben hat, in der das Hebräische und das
Griechische als *lebende Sprachen* im gleichen Kulturraum nebeneinander existierten[1]. In Qumran wurde immer noch biblisch-
hebräische Literatur produziert, als die Entstehung der Septuaginta bereits geraume Zeit angelaufen sein mußte[2]. Damit
erscheint nun aber die Septuaginta als Kontrollinstanz für
das richtige Verständnis des hebräischen Bibeltextes in einem
ganz neuen Licht. Es ist also nicht so, daß die Übersetzer-
tätigkeit erst eingesetzt hat, als das Hebräische bereits
tote Sprache war. Und selbst wenn wir annehmen wollen, daß
die Übersetzer selbst des Hebräischen nicht mehr ganz mächtig waren, so gab es doch immer noch kompetente hebräische
Leser, die sich für die Übersetzung interessierten und die
bei kontinuierlichen und groben Übersetzungsfehlern bestimmt
eingegriffen haben.

Die daraus zu erwartende Sprachkompetenz der Septuaginta
für unseren hebräischen Bibeltext wird allerdings stark ein-
geschränkt durch die folgenden Störelemente:

---

1 Da diese Aussage eines der entscheidendsten Glieder in meinem logischen Beweisgang ist und ich mit dem Einwand rechnen muß, daß es zwischen dem Qumran-Hebräisch und dem Bibelhebräisch doch beträchtliche
  Unterschiede gibt, sah ich mich verpflichtet, unten im Anhang 2 den
  Beweis zu führen, daß jedenfalls dort, wo das finite Verb tangiert
  wird, die Grammatik Qumrans mit der der Bibel identisch ist.
2 Vgl R. MAYER, J. REUSS, die Qumranfunde und die Bibel 81; F.M. CROSS jr.,
  Der Beitrag der Qumranfunde.

- Sowohl der hebräische wie der griechische Bibeltext haben ihre je eigene Geschichte hinter sich, bis sie auf uns gekommen sind. Wir dürfen also nicht unbesehen davon ausgehen, daß die beiden uns vorliegenden Texte so auch schon auf dem Schreibtisch des Übersetzers gelegen haben. Mit den uns zur Verfügung stehenden Hilfen läßt sich diese Distanz textkritisch nur teilweise überbrücken[3].

- Jede Übersetzung ist mit gutem Recht *Interpretation*. Dies vorerst rein sprachlich, indem die grammatischen und stilistischen Eigenheiten der neuen Sprache voll zum Zug kommen dürfen. - Bei schwerverständlichen oder korrupten Textstellen mußte auch ein kompetenter Leser schauen, wie er mit dem Text irgendwie zurechtkam, wenn die Übersetzung verständlich bleiben sollte. - Schließlich wird sich zeigen, daß wir auch mit außersprachlichen, zB ideologischen oder pragmatischen Beweggründen rechnen müssen, die den Übersetzer veranlassen konnten, entgegen besserem sprachlichem Wissen den Text bewußt umzuinterpretieren.

Wenn wir also die Septuaginta[4] als Prüfungsinstanz für eine Tempus-Theorie heranziehen, so ist von Vornherein mit einem namhaften Prozentsatz an Unstimmigkeiten zu rechnen, die im Einzelnen dann examiniert werden wollen.

Daß ich hier subsidiär auch noch die Vulgata[5] als Kontrollinstanz beiziehe, rechtfertigt sich bei ihrem doch immerhin

---

3 Da unten im systematischen Teil das Buch Jesaja rund die Hälfte der untersuchten Texte ausmacht, kommt es sehr zugute, daß wir im Jesajatext aus Qumran eine Rezension zur Verfügung haben, die offenbar nahe an die Septuaginta-Vorlage herankommt; vgl F.M. CROSS a.a.O. Es sei angemerkt, daß ich die textkritischen Ressourcen aus ökonomischen Gründen nur dort ausgeschöpft habe, wo es sich um Abweichungen von meiner Theorie handelt.

4 Ich benutze die Ausgabe von RAHLFS, Septuaginta 1965 (8. Aufl.), wobei ich bei doppelt ausgedrucktem Text im Zweifelsfall stillschweigend jene Rezension wähle, die dem MT besser zu entsprechen scheint.

5 Ich benutze die kritische Ausgabe der Deutschen Bibelgesellschaft Stuttgart 1983 (3. Auflage).

noch recht hohen Alter und ausgezeichneten Überlieferungs-
zustand als möglicher Ausgleich für die genannten Mängel der
Septuaginta ein Stück weit von selbst. Es ist aber doch noch
ein Wort zu sagen zum Kompetenzgrad, der ihr zugeschrieben
werden darf.

Sowenig wie alle späteren "Übersetzungen aus dem Urtext"
hat die Vulgata auf die Hilfe der bereits zugänglichen Übersetzungsvorschläge verzichtet, wobei mindestens die Sprachkompetenz der Septuaginta im gegebenen Rahmen gesichert ist.
Dabei zeigt es sich aber, daß der hl. Hieronymus sich durchaus nicht scheute, die Tradition der Septuaginta zu verlassen, wo ihm der hebräische Text etwas anderes zu sagen schien.
Seine eigenen Hebräisch-Kenntnisse mochten dem philologisch
Möglichen einer inzwischen toten Sprache entsprechen. Aber
wir haben auch sichere Nachrichten, daß er auf jene Kontrollinstanz zurückgegriffen hat, von der noch die größte Sprachkompetenz zu erwarten war: die zeitgenössische jüdische
Schriftgelehrsamkeit[6]. Kompetente Informanten im strengen
Sinne waren auch diese Schriftgelehrten nicht mehr, und das
Mischna-Hebräisch, das sie noch beherrschen mochten, hat für
uns vor allem den Mangel, daß ihm die conversiv-Formen verloren gegangen sind[7]. Was sie aber mit den pharisäischen Trä-
gern unserer atl. Bibeltradition zur Zeit Qumrans verbindet,
ist nicht nur die ungebrochene Traditionslinie, sondern auch
eine große und überzeugende Traditions-*Treue*, die sich in der
masoretischen Bearbeitung unseres Konsonantentextes nieder-
geschlagen hat und die durchaus hohe Achtung verdient. Mit
diesen Informanten im Hintergrund dürfen wir der Vulgata immer noch eine höhere Sprachkompetenz zubilligen als späteren
Übersetzungen bis hinauf zu unserer EÜ, die sich lediglich

---

6 vgl F. STUMMER, Einführung 97f; 110.
7 vgl S. SHARVIT, The "Tense"-System of Mishnaic Hebrew. Bei Belegen von
  c-Formen handelt es sich um biblische Zitate.

auf philologische Kenntnisse und oft recht ungesicherte Tempus-Theorien abstützen mußten[8]. Dazu kommt, daß es uns hier ja nicht um einen hypothetischen hebräischen "Urtext" aus grauer Vorzeit geht, sondern um das adäquate Verständnis jener Rezension, die uns dank masoretischer Tradition als Textus Receptus vorliegt.

Wenn wir uns mangels kompetenter Informanten im strengen Sinn auf die griechische und lateinische Übersetzung des hebräischen Textes als Kontrollinstanz verlassen wollen, so verdient der Einwand Beachtung, daß wir damit wieder auf tote Sprache zurückgreifen müssen. Nur befinden wir uns hier in einer ungleich komfortableren Lage, als was die hebräische Grammatik betrifft. Zum einen handelt es sich um indogermanische Sprachen, die unserem Verständnis jedenfalls näher stehen als das Semitische. Nicht übersehen werden darf dabei, daß unsere traditionelle deutsche Grammatik - ob zu Recht oder zu Unrecht sei hier dahingestellt - auf den Erkenntnissen lateinischer Grammatiker aufbaut. Zum anderen können wir uns hier in der Grammatik doch auf eine Tradition stützen, die einerseits auf einem ungleich umfangreicheren Textmaterial aufbaut, als dies bei der hebr. Bibel der Fall ist, die andererseits schon eingesetzt hat, als sowohl Griechisch wie Latein noch lebende Sprachen waren. Als Mangel bleibt allerdings bestehen, daß noch keine spezielle Grammatik des Griechischen der Septuaginta und des Lateins der Vulgata existiert[9].

---

8 Wenn W.H. BENNETT, The Use of Tenses sich konsequent auf die englische Standardübersetzung stützt, so ist er sich durchaus der Mangelhaftigkeit einer solchen Kontrollinstanz bewußt. Immerhin ist dabei aber ein größeres Maß an Objektivität gewahrt als bei einer von-Fall-zu-Fall-Übersetzung nach eigenem "besserem" Wissen.

9 Ich stütze mich auf LEUMANN-HOFMANN, Lateinische Grammatik, und Ed. SCHWYZER, Griechische Grammatik.

3. Methodischer Leitgedanke

Der hier befolgte methodische Leitgedanke ist somit:
daß es eigentlich möglich sein müßte, anhand systematischer Beobachtungen, wie Septuaginta und Vulgata die einzelnen hebräischen Verbformen übersetzen, recht nahe an das Verständnis heranzukommen, das die pharisäischen Traditionsträger zur Zeit Qumrans selbst von der Funktion der einzelnen hebräischen Verbformen gehabt haben.

Wie nahe wir damit an die Auffassung des jeweiligen *Verfassers* herankommen, hängt davon ab, wie weit wir annehmen wollen, daß die Entstehung unserer biblischen Literatur vor ihrer ersten dokumentarischen Bezeugung in Qumran liegt[1].

---

1 Ich muß gestehen, daß mir der mE romantische Glaube fehlt, wir besäßen in unserem atl. Traditionsgut authentische Texte aus Jahrhunderten israelitischer Geschichte bis zurück zum Beginn des ersten vorchristlichen Jahrtausends. Nicht zuletzt das Erscheinungsbild der biblischen Hinterlassenschaft von Qumran zeigt doch mit aller Deutlichkeit, daß die Traditionsfestigung <u>am Text</u> damals noch in vollem Fluß war. (Vgl. dazu einige Vorüberlegungen in meiner Diss. OBO 9)

4. Die praktische Anwendung

Da es unten im systematischen Teil wegen der Fülle des Materials nicht mehr möglich sein wird, die einzelnen Schritte
methodisch durchsichtig zu machen, möchte ich hier an einer
begrenzten Textauswahl zeigen, wie ich vorgegangen bin. Ich
nehme dazu die Textbeispiele, die W. SCHNEIDER in seiner Grammatik bei der Darstellung des hebr. Tempussystems anführt[1].
Nicht nur können wir so damit rechnen, einen repräsentativen
Querschnitt durch das Vorkommen der hebr. Verbformen zu erhalten, gleichzeitig kann ich mich auch von dem Verdacht rei-
nigen, die Beispiele so gewählt zu haben, daß die Theorie
sich dann auch an ihnen bewährt. Und schließlich wird ein Sei-
tenblick auf die Übersetzung von SCHNEIDER, die ich in der
letzten Kolonne anführe, nicht uninteressant sein.

Gen 18,1-3

18,1	וירא	ὤρθη	apparuit	da erschien
	c-pref	aor	perf	impf
2a	וישא	ἀναβλέψας	cumque elevasset	da erhob er
	c-pref	pt	cum hist	impf
b	וירא	εἶδεν	apparuerunt	da sah er
	c-pref	aor	perf	impf
c	וירא	ἰδών	cum vidisset	da sah er
	c-pref	pt	cum hist	impf
d	וירץ	προσέδραμεν	cucurrit	da lief er
	c-pref	aor	perf	impf
e	וישתחו	προσεκύνησεν	adoravit	da warf er s.z.B.
	c-pref	aor	perf	impf
3	ויאמר	εἶπεν	dixit	da sprach er
	c-pref	aor	perf	impf

---

1 W. SCHNEIDER, Grammatik 182-206. Ausgelassen habe ich 200f die Textbeispiele für den Imperativ.

Hier geht es um das Erzähltempus c-pref. Auch G und L[2] wählen ihr entsprechendes Erzähltempus, zeigen aber deutlich
den Wunsch, die ermüdende Aufreihung der hebr. c-Formen auf-
zulockern, G mit zweimaligem Partizip, L offensichtlich im
Anschluß an G mit dem cum historicum. Letzteres verlangt
zwar den Konjunktiv, also eine Modalform, ist aber unzwei-
deutig die indikativische Feststellung eines Faktums in der
Vergangenheit, weshalb ich diese Vorkommen in der Folge auch
konsequent unter die indikativischen Verbformen einreihen
werde! - 2c versteht L das וירא nochmals als nif'al und muß
in Abweichung vom MT den Plural einsetzen. Da davon aber die
Frage nach dem Tempus nicht tangiert wird, können wir solche
Abweichungen auch künftig vernachlässigen. - SCHNEIDER möchte
mit dem "da" die Theorie vom waw consecutivum retten und ein
"folgerndes Element" ausdrücken - völlig überflüssigerweise!
G und L verstehen jedenfalls lediglich eine Anreihung von
Fakten in der Vergangenheit und sind auf ihre Weise damit
fertig geworden.

1Kön 11,19-21; 1Sam 31,11f

11,19a	וימצא	εὗρεν	invenit	da fand
	c-pref	aor	perf	impf
b	ויתן	ἔδωκεν	ut daret	da gab
	c-pref	aor	*präs conj*	impf
20a	ותלד	ἔτεκεν	genuitque	da gebar
	c-pref	aor	perf	impf
b	ותגמלהו	ἐξέθρεψεν	nutrivit	da entwöhnte
	c-pref	aor	perf	impf
c	ויהי	ἦν	eratque	da war
	c-pref	impf	impf	impf
21a	x-שמע	ἤκουσεν	cumque audisset	hatte gehört
	x-suff	aor	cum hist	plqpf
b	כי־שכב	ὅτι κεκοίμηται	dormisse	sich gelegt hatte
	x-suff	perf	a.c.i.	plqpf
c	כי־מת	ὅτι τέθνηκεν	mortuum esse	gestorben war
	x-suff	perf	a.c.i.	plqpf
d	ויאמר	εἶπεν	dixit	da sprach
	c-pref	aor	perf	impf

---

2 G(riechisch) = LXX; L(atein) = Vulgata.

31,11a	וישמעו	ἀκούουσιν	cum audisset	da hörte
	c-pref	präs hist	cum hist	impf
b	x-עשו	ἃ ἐποίησαν	fecerant	getan hatten
	x-suff	aor	plqpf	plqpf
12a	ויקמו	ἀνέστησαν	surrexerunt	da machten s.auf
	c-pref	aor	perf	impf
b	וילכו	ἐπορεύησαν	ambulaverunt	da gingen
	c-pref	aor	perf	impf

SCHNEIDER stellt diese beiden Texte unter den Titel "Das
Perfekt als Nebentempus". Wenn wir uns aber fragen, wieso die
Reihe der c-pref durch x-suff unterbrochen wird, so ist diese
Wahl bei 21bc durch das כי[3] hinreichend motiviert: eine Verbform mit waw *kann* nach einer Partikel gar nicht stehen. –
Wenn MT 21a das Subjekt voranstellt und damit eine waw-Form
verunmöglicht, so ist das eine stilistische[4] Nuance. G ist
dem gefolgt, L nicht. Überraschend bringen beide ein "und",
als ob sie c-pref gelesen hätten: καὶ Αδερ ἤκουσεν, cumque audis-
set Adad. – Ebenfalls gar nicht anders möglich ist suff 31b[5]
nach את אשר. Es ist also durchwegs *äußerer Formzwang*, der
zur Wahl von suff geführt hat. Von einem "Nebentempus" kann
nicht die Rede sein.

Interessant für uns ist 19b. Hier haben wir bei L die erste *formale Abweichung* von unserer Theorie. Während G, wie zu
erwarten, parataktisch der Vorlage folgt und mit aor übersetzt, konstruiert L eine Unterordnung, die conj, also eine
Modalform, verlangt. Es gibt dafür keinen anderen ersichtlichen Grund, als daß es sich dabei um eine Konzession an das
Stilempfinden der Leser handelt[6]. Eine *eigentliche Abweichung*

---

3 In diesem כי haben wir jetzt tatsächlich ein "folgerndes Element", was
  von G und L auch prompt honoriert wird.
4 Nach einer Abschweifung zu dessen Familienverhältnissen kehrt die Erzählung hier wieder zur Hauptperson zurück.
5 Ich verzichte hier auf die korrekte Zitation nach Buch und Kapitel,
  wenn die Verszahl eine klare Identifizierung ermöglicht.
6 Vgl F. STUMMER, Einführung 114f: "Der Übersetzer selbst war durch die
  Schule der antiken Rhetorik gegangen und hatte ein geistiges Gepräge
  erhalten, das er trotz aller gegenteiligen Vorsätze nie mehr ganz ver-

ist das nicht. Dieses Charakteristikum von L wird uns noch
oft zu schaffen machen. - Als eine sehr seltene Erscheinung
erwähnenswert ist bei G das Präsens historicum 11a.

Gen 22,1f; 2Sam 19,25f; Gen 37,11

22,1a	ויהי	ἐγένετο	gesta sunt	(da geschah es)
	c-pref	aor	perf	impf
b	נסה-x	ἐπείραζεν	tentavit	er hat versucht
	x-suff	aor	perf	perf
c	ויאמר	εἶπεν	dixit	da sprach er
	c-pref	aor	perf	impf
d	ויאמר	εἶπεν	respondit	da sprach er
	c-pref	aor	perf	impf
2	ויאמר	εἶπεν	ait	da sprach er
	c-pref	aor	perf	impf
19,25a	ירד-x	κατέβη	descendit	war herabgekommen
	x-suff	aor	perf	plqpf
b	לא עשה	ἐθεράπευσεν	illotis pedibus	hatte n. gewaschen
	x-suff	aor	abl.abs.	plqpf
c	לא עשה	ἐποίησεν	intonsa barba	hatte n. gepflegt
	x-suff	aor	abl.abs	plqpf
d	לא כבס	ἔπλυνεν	laverat	hatte n. gewaschen
	x-suff	aor	plqpf	plqpf
e	אשר בא	ἀπῆλθεν	egressus fuerat	da er gekommen war
	x-suff	aor	plqpf	plqpf
26a	ויהי	ἐγένετο	-	(da geschah es)
	c-pref	aor		impf
b	כי בא	ὅτε εἰσῆλθεν	cumque occurrisset	als er kam
	x-suff	aor	cum hist	impf
c	ויאמר	εἶπεν	dixit	da sprach er
	c-pref	aor	perf	impf
37,11a	ויקנאו	ἐξήλωσαν	invidebant	da wurden eifers.
	c-pref	aor	impf	impf
b	שמר-x	διετήρησεν	considerabat	hat sich gemerkt
	x-suff	aor	impf	perf

Bei den x-suff-Formen ist zweimal aus stilistischen Gründen
das Subjekt vorangestellt (1b; 11b); sonst mußten sie zwangs-
weise so gewählt werden (waw duldet auch keine Verneinung vor
sich). Von einem "Hintergrundtempus" (SCHNEIDER) zu sprechen,
hat keinen Sinn - für die Tempuswahl sind hier äußere Form-

---

wischen konnte. Daher finden wir in seiner Übersetzung zahlreiche Bewei-
se seines Bemühens, dem lateinischen Stilgefühl gerecht zu werden ...
den Satzbau zu latinisieren, dh die Beiordnung in die Unterordnung um-
zusetzen und ferner, zwischen den Hauptsätzen Verbindungen herzustellen."

zwänge verantwortlich. G hält konsequent das Erzähltempus aor

durch, während L sichtlich mit dem größeren Formenreichtum

der lat. Sprache spielt und mit den beiden plqpf 25de und

den beiden Durativen 11ab (einmal c-pref, einmal x-suff!) sei-

ner Interpretation des Textes mehr Relief verleiht. Seine Lie-

be zu einem lesbaren Stil zeigt sich auch in der unterschied-

lichen Wortwahl für die drei aufeinanderfolgenden ויאמר 1cd2.

Jos 1,16-18; 2Kön 1,16

1,16a	ויענו	εἶπαν		responderuntque		da antworteten
	c-pref	aor		perf		impf
b	x-צויתנו	ἂν ἐντείλῃ		praecepisti		hast befohlen
	x-suff	*aor conj*		perf		perf
c	x-נעשה	ποιήσομεν		faciemus		wir tun
	x-pref	fut		fut		präs
d	x-תשלחנו	ἐὰν ἀποστείλῃς		miseris		du schickst
	x-pref	aor conj		perf conj		präs
e	x-נלך	πορευσόμεθα		ibimus		wir gehen
	x-pref	fut		fut		präs
17a	x-שמענו	ἠκούσαμεν		obedivimus		haben gehorcht
	x-suff	aor		perf		perf
b	x-נשמע	ἀκουσόμεθα		obediemus		wir gehorchen
	x-pref	fut		fut		präs
c	x-יהיה	ἔστω		sit		er sei
	x-pref	imp		präs conj		conj
d	x-יהיה	ἦν		fuit		ist gewesen
	x-suff	impf		perf		perf
18a	x-ימרה	ἐὰν ἀπειθήσῃ		contradixerit		widersetzt sich
	x-pref	aor conj		perf conj		präs
b	x-ישמע	(ἐὰν) μὴ ἀκούσῃ		obedierit		gehorcht nicht
	x-pref	aor conj		perf conj		präs
c	x-תצונו	ἂν ἐντείλῃ		praeceperis		du befiehlst
	x-pref	aor conj		perf conj		präs
d	x-יומת	ἀποθανέτω		moriatur		wird getötet
	x-pref	imp		präs conj		präs
2Kön						
1,16a	וידבר	ἐλάλησεν		locutus est		da sprach er
	c-pref	aor		perf		impf
b	x-אמר	λέγει		dicit		hat gesprochen
	x-suff	präs		präs		perf
c	x-שלחת	ἀπέστειλας		misisti		hast geschickt
	x-suff	aor		perf		perf
d	x-עלית	ἀνέβης		ascendisti		hast dich gelegt
	x-suff	aor		perf		perf
e	x-תרד	καταβήσῃ		descendes		verläßt nicht mehr
	x-pref	fut		fut		präs

f   תומת-x ἀποθάνῃ   morieris   du stirbst
     x-pref   fut   fut   präs

Die recto-Formen werden wieder durchgehend mit dem Erzähltempus wiedergegeben bis auf zwei Ausnahmen: 2Kön 16b steht
übereinstimmend ein einsames Präsens. Von einer spezifischen
hebräischen Verbform her ist dieser Tempuswechsel nicht zu
erklären. Wie wir unten bei der systematischen Examinierung
der präs-Vorkommen sehen werden, muß die Lösung nicht auf
der grammatischen, sondern auf der literarischen oder sogar
theologischen Ebene gesucht werden[7]. Für den Moment genügt,
daß es sich nicht um eine Abweichung handelt, wenn wir die
recto-Formen nicht eng nur als Erzähltempus - was sie sicher
überwiegend sind - fassen, sondern als Träger einer *indikativischen Aussage*. - Eine *eigentliche* Abweichung hingegen haben
wir bei Jos 16b, wo G das x-suff als Potentialis, also modal
widergibt. L ist dem nicht gefolgt und übersetzt das כל אשר-
צויתינו korrekt mit "alles, was du befohlen *hast*", und dies in
Abhebung vom x-pref כל אשר תצונו 18c "alles, was du befehlen
magst". Wir können diese Abweichung bei G nur als fehlerhafte
Harmonisierung von 16b mit 18c - vielleicht erst sekundär am
griechischen Text - erklären.

Die obliquo-Form x-pref wird von G und L konsequent entsprechend unserer Theorie modal (conj, imp) oder futurisch (fut)
übersetzt.

Die Art und Weise, wie SCHNEIDER hier mittels präs seine
Theorie vom "Besprechungstempus" retten will, erinnert salva
reverentia doch sehr an Münchhausens Zopf. Damit der Text auch
so verständlich bleibt, muß er sich darauf verlassen, daß
die innere Grammatik des Lesers das deutsche Präsens selbst-
tätig auch futurisch oder modal funktionieren kann. Bei 17c

---

7 präs bei G und L steht mit wenigen Ausnahmen bei der Botenformel "so
  spricht der und der" und sehr häufig dort, wo Jahwe als sprechend oder
  handelnd dargestellt wird.

geht das nicht mehr, denn "er ist" könnte mit dem besten Willen nicht mehr modal oder futurisch verstanden werden. So
kommt er hier um den conj nicht herum. Und 2Kön 16e verdeutlicht er die futurische Absicht selbst mit dem Modalwort
"noch". *So* läßt sich seine Theorie jedenfalls nicht halten!

Dtn 10,20-22; 11,1

10,20a	א‏ר‏ית-x	φοβηθήσῃ	timebis	du fürchtest
	x-pref	fut	fut	präs
b	תעב‏ד-x	λατρεύσεις	servies	du dienst
	x-pref	fut	fut	präs
c	תד‏בק-x	κολληθήσῃ	adhaerebis	du hängst an
	x-pref	fut	fut	präs
d	תש‏בע-x	ὀμῇ	iurabisque	du schwörst
	x-pref	fut	fut	präs
21a	אש‏ר עש‏ה	ἐποίησεν	fecit	hat getan
	x-suff	aor	perf	perf
b	אש‏ר רא‏ו	εἴδοσαν	viderunt	haben gesehen
	x-suff	aor	perf	perf
22a	י‏רד‏ו-x	κατέβησαν	descenderunt	sind gezogen
	x-suff	aor	perf	perf
b	ש‏מך-x	ἐποίησεν	multiplicavit	hat gemacht
	x-suff	aor	perf	perf
11,1a	ואה‏בת	ἀγαπήσεις	ama	so liebst du
	c-suff	fut	imp	präs
b	וש‏מרת	φυλάξῃ	observa	so hältst du
	c-suff	fut	imp	präs

SCHNEIDER möchte bei den beiden c-suff 1ab wieder mittels
"so" das "folgernde Element" verwirklicht sehen - völlig
überflüssig, wie G zeigt, der x-pref und c-suff ohne Unterschied mit fut übersetzt. Wenn L hier auf imp, also eine modale Ausdrucksweise, überwechselt, so wird sich gleich zeigen,
daß dies nicht von der hebr. Verbform abhängig ist. L macht
lediglich von der Interpretationsfreiheit Gebrauch, welche
die obliquo-Formen offen lassen: nach unserem Verständnis haben sie modale *und* futurische Funktion. - Wenn SCHNEIDER hier
einen "besprechenden Kontext" sehen will, so muß er auch diese Fiktion mit der Wahl des polyvalenten deutschen Präsens[8]

---

8 Zum deutschen Präsens als möglichem Ausdruck auch des Imperativs vgl.
  L. SALTVEIT, Das Verhältnis Tempus-Modus 173: "Du fährst!"

aufrecht zu erhalten suchen. Es handelt sich aber nicht um
eine Besprechung, sondern um unzweideutige *Willensäußerungen.*

Gen 44,31-33

31a	וְהָיָה	ἔσται	–	so geschieht es
	c-suff	fut		präs
b	וָמֵת	τελευθήσαι	morietur	so stirbt er
	c-suff	fut	fut	präs
c	וְהוֹרִדוּ	κατάξουσιν	deducent	so bringen sie
	c-suff	fut	fut	präs
32a	x-עָרַב	ἐκδέδεκται	spopondi	hat gebürgt
	x-suff	perf	perf	perf
b	x-אֲבִיאֶנּוּ	ἐὰν μὴ ἀγάγω	nisi reduxero	ich bringe
	x-pref	aor conj	perf conj	präs
c	וְחָטָאתִי	ἡμαρτηκὼς ἔσομαι	reus ero	so trage ich Schuld
	c-suff	fut	fut	präs
33a	x-יֵשֶׁב־נָא	παραμενῶ	manebo	er will gehören
	x-pref	fut	fut	mod
b	x-יַעַל	ἀναβήτω	ascendat	soll hinaufziehen
	x-pref	imp	präs conj	mod

Die beiden c-suff 31bc übersetzt jetzt auch L mit G futurisch. – SCHNEIDER muß bei diesem Text wieder Konzessionen
an die modale Funktion der obliquo-Formen (33ab) machen, weigert sich aber nach wie vor, Futur anzuerkennen, indem er es
dem Leser überläßt, sein präs futurisch zu verstehen. Auf
seine Tempus-Theorie[9], die bereits an den von ihm selbst ge-
wählten Textbeispielen ihre schweren Mängel zeigt, gehe ich
künftig nicht mehr ein, füge aber weiterhin seine Übersetzung
an.

Aus Gründen der Ökonomie werde ich künftig auch nur noch
jene Stellen mit ihrem direkten Kontext voll anführen, die
durch Abweichungen von meiner Theorie oder sonstwie von besonderem Interesse sind. In den Tabellen am Schluß des Ab-
schnitts sind dann aber wieder sämtliche finiten Verben aus
den Textbeispielen von SCHNEIDER verarbeitet.

---

9 Angeregt durch die Arbeit von H. WEINRICH versucht SCHNEIDER die hebr.
Tempora auf den Ausdruck der erzählten bzw besprochenen Welt aufzutei-
len (Grammatik 182f).

Lev 2,2

2a	וְהֵבִיאָהּ	οἴσει	deferet	so bringt er
	c-suff	fut	fut	präs
b	וְקָמַץ	δραξάμενος	tollet	so nimmt man
	c-suff	pt	fut	präs
c	וְהִקְטִיר	ἐπιθήσει	ponet	so räuchert er
	c-suff	fut	fut	präs

Das Partizip 2b bei G könnte seinen Ursprung darin haben,
daß G das וְקָמַץ zwischen den beiden eindeutig finiten hif'il-
Formen tatsächlich als pt gelesen hat, wie es der KT auch zuläßt. - Da griech- und lat. Partizip modal und temporal nicht
immer eindeutig bestimmbar sind [10], habe ich die partizipiale
Übersetzung in der Tabelle den Auslassungen und textlichen
Abweichungen (mit dem Zeichen -) beigeordnet.

Dtn 6,6

6a	וְהָיוּ	ἔσται	eruntque	so sind sie
	c-suff	fut	fut	präs
b	אָנֹכִי מְצַוְּה	ἐντέλλομαι	praecipio	ich befehle
	pt	präs	präs	präs

Da es mir bei dieser Untersuchung um die Funktionsbestim-
mung der *finiten* (konjugierten) Verbformen geht, habe ich
selbstverständlich die hebr. Partizipien [11] nicht berücksichtigt. Wenn ich 6b hier anführe, so deshalb, weil dieses Beispiel am Rand doch noch von Interesse ist. Es mag schon aufgefallen sein, wie überaus selten G und L eine hebr. Verbform
mit dem Präsens wiedergeben. Der Grund wird hier sichtbar:
beide waren offensichtlich der Meinung, daß das Hebr. über
eine spezifische Form für den Ausdruck des präsentischen Bezugs verfügt: (Personalpronomen +) Partizip [12]. Vgl dazu unten
die systematische Auseinandersetzung mit den Präsensbelegen.

---

10 Aber: "factus est" gilt als perf; "laudaturus est" als fut; "laudan-
dus est" als imp.

11 wie auch Infinitivkonstruktionen und Imperativ.

12 Ob es sich hierbei um eine genuin hebräische Form oder vielmehr um
eine Anleihe aus der aramäischen Grammatik handelt (cf ROSENTHAL,
Grammatik 55), bleibe dahingestellt.

Jes 7,18

18a	וְהָיָה	ἔσται	erit	(so geschieht es)
	c-suff	fut	fut	präs
b	יְשָׁרֹק	συριεῖ	sibilabit	er pfeift
	o-pref	fut	fut	präs

o-pref und o-suff sind verhältnismäßig selten und finden
sich praktisch ausschließlich in poetischen Texten. Ein inhaltlicher Unterschied zur entsprechenden x-Form ist nicht
ersichtlich.

Gen 24,57f

57a	וַיֹּאמְרוּ	εἶπαν	dixerunt	sie sagten
	c-pref	aor	perf	impf
b	נִקְרָא(-x)	καλέσωμεν	vocemus	wir rufen
	x-pref	aor conj	präs conj	präs
c	וְנִשְׁאֲלָה	ἐρωθήσωμεν	quaeramus	damit wir fragen
	w-pref	aor conj	präs conj	präs (cond)
58a	וַיִּקְרְאוּ	ἐκάλεσαν	vocata	sie riefen
	c-pref	aor	pt	impf
b	וַיֹּאמְרוּ	εἶπαν	sciscitati sunt	sie sprachen
	c-pref	aor	perf	impf
c	הֲתֵלְכִי	πορεύσῃ	vis ire?	gehst du?
	x-pref	fut	mod (präs)	präs
d	וַתֹּאמֶר	εἶπεν	ait	sie sagte
	c-pref	aor	perf	impf
e	אֵלֵךְ(-x)	πορεύσομαι	vadam	(ich gehe)
	x-pref	fut	fut	präs

57b und 58e sind eigentlich o-pref, da mit der Rede ein
neues Satzgefüge beginnt. Da solche Fälle zu Beginn der Rede aber ein regelmäßiges Erscheinungsbild sind und es sich
sonst um die einzigen sicheren Belege von o-Formen außerhalb
poetischer Texte handelte, ist anzunehmen, daß die Einleitung zur Rede ("er sagte") als x verstanden wurde. Ich habe
diese Fälle daher auch konsequent als x-Formen aufgefaßt.
Ebenfalls als x gilt das Frage-הֲ 58c.- 57c ist durch die masoretische Vokalisierung (und durch die Kohortativ-Form) deutlich keine conversiv-Form, sondern ein w-pref, also eine obliquo-Form. Ein inhaltlicher Unterschied zu x-pref ist nicht
ersichtlich. Da am KT aber grundsätzlich immer mit Verwechs-
lungen mit den c-Formen gerechnet werden muß, habe ich w-pref

und w-suff als selbständige Verbformen gefaßt. - 58c zeigt,
wie L analog zu unserem Sprachgebrauch die obliquo-Form auch
mittels eines modalen Hilfsverbs wiedergeben kann. Bei rein
mechanischer Notierung werden solche Belege als Indikativ
präs anfallen und müssen erst auf ihren modalen Charakter
hin untersucht werden.

Gen 43,31-33

31	ויאמר	εἶπεν	ait	er sprach
	c-pref	aor	perf	impf
32a	וישימו	παρέθηκαν	quibus appositis	sie trugen auf
	c-pref	aor	abl.abs.	impf
b	x-ויוכלו	ἐδύναντο	vescebantur	sie können nicht
	x-pref	*aor*	*impf*	präs
33	וישבו	ἐκάθισαν	sederunt	ließen sich nieder
	c-pref	aor	perf	impf

Ob 32b eine echte Abweichung ist? Der Fall von L ist jedenfalls textkritisch lösbar: L hat אכלו gelesen. Anders G,
wo eine Korrektur des pref in ein suff textkritisch nicht
angängig ist. Die Lösung liegt woanders. "Können" ist nach
unserem Sprachverständnis ein *Modalverb*. Nun zeigen die Modalverben im Hebr. ein eigenartiges Tempusverhalten, wie kurz
an einem Beispiel gezeigt werden soll.

Exkurs 1: יכל und die Anomalie der Modalverben

Gehen wir den Vorkommen von יכל systematisch durch die ganze Bibel nach, so ergibt sich folgener Befund:

Von den insgesamt 186 Belegen liegen 53 auf der recto- und
133 auf der obliquo-Seite.

recto weist bei G und L 7 Abweichungen (=13,2%) auf, wo
das Verb konjunktivisch oder futurisch übersetzt wird, aber
nie von G und L gemeinsam. In jedem Fall zeigt also die je
andere Übersetzung, daß die Stelle auch durchaus entsprechend
der Theorie indikativisch verstanden werden kann.

obliquo schneidet mit 47 Abweichungen (=35,3%) deutlich
schlechter ab. In erster Linie für dieses Resultat verantwortlich ist L, der in 32 Fällen (meist gegen G) für die ob-

liquo-Form Indikativ präs setzt.

In 6 von den 11 Belegen, wo G und L gemeinsam eine Abweichung aufweisen, läßt sich die Stelle allenfalls auch durchaus entsprechend der Theorie futurisch interpretieren, zB
Jer 6,10 (G präs/L präs): "Wem soll ich noch zureden ...?
Siehe, taub ist ihr Ohr, sie *werden* nicht hören können"; am
schwierigsten noch Gen 31,35 (G präs/L präs): "Zürne nicht,
wenn ich mich vor dir nicht *werde* erheben können"[13] .

Es bleiben aber 5 Stellen, wo wir ratlos vor der obliquo-
Form von יכל stehen:
- Gen 48,10 (G impf/L impf): "Israels Augen aber waren vor
Alter schwach geworden, sodaß er nicht mehr sehen *konnte"*;
- 1Sam 3,2 (G impf/L perf): "Elis Augen aber hatten angefan-
gen, schwach zu werden, sodaß er nicht mehr sehen *konnte"*;
- 2Sam 17,17 (G aor/L impf): "Dann gingen sie und meldeten
es dem König David, denn sie *konnten* sich nicht sehen lassen
und in die Stadt kommen";
- Jer 44,22 (G impf/L impf): "Da der Herr ... nicht länger er-
tragen *konnte,* ist euer Land zur Wüste geworden";
- Ez 47,5 (G impf/L perf): "Und er maß abermals tausend Ellen, da war es ein Fluß, durch den ich nicht mehr gehen *konnte"*.

Ohne textkritischen Eingriff in den Konsonantenbestand (wofür in allen diesen Belegen eine Berechtigung fehlt) bleibt
uns im Rahmen unserer Theorie nur die Feststellung, daß die
hebr. Grammatik bei modalisierenden Verben (weitere Belege,
die diese Beobachtung erhärten, werden uns noch begegnen) die
Modal*form* einsetzen kann auch in Fällen, wo das für unser
Sprachempfinden nicht mehr nachvollziehbar ist.

                                        (Ende von Exkurs 1)

---

13 Die restlichen Fälle sind Jes 29,11 (G präs/L präs); 59,14 (G impf/
    L perf); Jer 38,5 (G impf/L präs); Spr 30,21 (G präs/L präs).

Jes 6,1-5

1	וָאֶרְאֶה	εἶδον	vidi	ich sah
	c-pref	aor	perf	impf
2a	יכסה-x	κατεκάλυπτον	velabant	er bedeckt
	x-pref	*impf*	*impf*	präs
b	יכסה-x	κατεκάλυπτον	velabant	er bedeckt
	x-pref	*impf*	*impf*	präs
c	יעופף-x	ἐπέταντο	volebant	er fliegt
	x-pref	*impf*	*impf*	präs
3a	וקרא	ἐκέκραγον	clamabant	so ruft er
	c-suff	*impf*	*impf*	präs
b	ואמר	ἔλεγον	dicebant	so sagt er
	c-suff	*impf*	*impf*	präs
4a	וינעו	ἐπήρθη	commota sunt	sie schwankten
	c-pref	aor	perf	impf
b	ימלא-x	ἐπλήθη	repleta sunt	es füllt sich
	x-pref	*aor*	*perf*	präs
5	ויאמר	εἶπα	dixi	ich sprach
	c-pref	aor	perf	impf

Dieser Text stellt uns vor eine ganz eigenartige Konstellation: die c-pref 1; 4a; 5 geben den erzählerischen Rahmen und
sind denn auch mit dem entsprechenden Erzähltempus übersetzt.
Den Hauptteil bildet eine Reihe von obliquo-Formen, die übereinstimmend, aber abweichend von unserer Theorie indikativisch
mit impf wiedergegeben werden. Nachdem die Rahmenerzählung
schon eingesetzt hat, kommt 4b nochmals ein obliques x-pref,
das - wiederum abweichend von unserer Theorie - von GL mit
dem Erzähltempus übersetzt wird.

Am leichtesten zu erklären, nämlich dank der Qumranfunde
(Qu) textkritisch zu korrigieren, ist 4b. Qu tradiert hier
das nif'al נמלא, also die recto-Form x-suff, und in dieser
Gestalt wird der Text unseren Übersetzern vorgelegen haben.

Ein Problem sind die indikativischen Imperfecta für obliquo. Als Ausdruck einer Dauerhandlung in der Vergangenheit
gäben sie einen guten Sinn: Während der Zeit, da der Prophet
zuschaute (Rahmenerzählung), geschah das und das. So dürfte
die Übersetzung von G und L auch zu verstehen sein. Aber für
den Durativ haben wir im Hebr. schon den Gebrauch der recto-

Formen feststellen können. Es hat sich gezeigt, daß Hebr.
diese Aktionsart nicht durch eine spezifische Tempuswahl honoriert. Versuchen wir andererseits, diese Verben von unserer Theorie her, wonach obliquo-Formen modalen oder futurischen Inhalt haben, zu verstehen, so fällt mit Sicherheit
futurisches Verständnis hier weg. Nicht besser dran sind wir
mit der Modalität des Dürfens, Könnens, Mögens, Müssens, Sol-
lens oder Wollens: beschrieben werden himmlische Vorgänge,
bei denen subjektive oder objektive Einschränkungen fehl am
Platz sind. Ein adäquater theologischer Verständnishorizont
öffnet sich uns erst, wenn wir für obliquo auch die *Modalität*
der Erweiterung, Verallgemeinerung mit in Betracht ziehen.
Dann will der Prophet nämlich nicht primär erzählen, was bei
seinem Besuch im Himmel gerade geschehen ist, sondern er will
uns die *himmlische Liturgie* beschreiben, deren Charakteristikum es ist, daß sie - unabhängig von der Rahmenerzählung -
immer und jederzeit sich so abzuwickeln pflegt (Consuetiv).
Es wird sich unten (Exkurs 2) zeigen, daß dem tatsächlich so
ist, daß überall dort, wo wir uns mit modalen Fügungen wie
"pflegen zu", "für gewöhnlich", "normalerweise", "wann, wer,
wo auch immer", "bestimmt", "mit Sicherheit" behelfen müssen,
die hebr. Grammatik konsequent obliquo wählt und damit - für
G und L nicht oder nur schwer nachvollziehbar - überraschend
scharf modalen Consuetiv gegen indikativischen Durativ oder
Iterativ ("immer, wenn") abhebt.

   Damit wird auch die Traditionsschwankung im MT 4b einsichtig. Nach der Rezension von Qu setzt mit 4a wieder die Rahmenerzählung ein. Erschütterung und Rauchwolke bilden das
Ende der Vorstellung - der Prophet schildert von da an auch
nur mehr, was er hört, nicht mehr, was er sieht. Ein anderer
Rezensent hingegen wollte den ganzen Vers 4 noch in die himmlische Liturgie einbeziehen und konnte auch ohne Weiteres 4a
als obliques w-pref lesen. Der MT mit c-pref 4a und x-pref 4b

ist dann ein schlechter Kompromiß aus einer Zeit, wo man den
wahren Grund für die hebr. Tempuswahl in diesem Fall offenbar
nicht mehr kannte.

<u>2Chr 25,14f</u>

14a	וַיְהִי	ἐγένετο			(da geschah es
	c-pref	aor			impf
b	וַיָּבֵא	ἤνεγκεν	allatos deos		er brachte
	c-pref	aor	pt		impf
c	וַיַּעֲמִדֵם	ἔστησεν	statuit		er stellte auf
	c-pref	aor	perf		impf
d	x-יִשְׁתַּחֲוֶה	προσεκύνει	adorabat		er neigte sich
	x-pref	*impf*	*impf*		impf
e	x-יְקַטֵּר	ἔθυεν	adolebat		er räucherte
	x-pref	*impf*	*impf*		impf
15a	וַיִּחַר	ἐγένετο	iratus		er entbrannte
	c-pref	aor	pt		impf
b	וַיִּשְׁלַח	ἀπέστειλεν	misit		er schickte
	c-pref	aor	perf		impf
c	וַיֹּאמֶר	εἶπαν	qui diceret		er sagte
	c-pref	aor	*impf conj*		impf

14de haben wir schon wieder diese imperfektisch übersetzten obliquo-Formen, wohl nicht von Ungefähr wieder im Zusammenhang mit Liturgiefragen. Mit Hilfe des Consuetiv wird die
- von G und L als Durativ wiedergegebene - Absicht des Verfassers schnell durchsichtig: Amazja stellte die Götter auf
(14c: historisches Faktum) und *pflegte* vor ihnen zu beten
und zu räuchern (14de: Beschreibung seines Kultes). Auch
hier präzisiert das richtige Verständnis als Consuetiv die
Aussage wieder ganz beträchtlich. Dem Chronisten geht es
nicht primär um einen - wenn auch langdauernden - Fehltritt
in der Vergangenheit (Durativ). Was ihn ärgert, ist die Existenz eines edomitischen Kultes auf dem heiligen Boden Jerusalems, dessen Institution einem König Amazja zugeschrieben
wurde und der wohl bis in seine eigenen Tage hinein noch ge-
pflegt (Consuetiv) wurde.

Bei L zeigt sich wieder die Neigung zu einem flüssigen lateinischen Stil, indem er die drei parataktischen c-pref
15abc als pt, perf und relativen Anschluß überträgt. Der da-

durch bedingte conj 15c für eine recto-Form erscheint in der
Tabelle dann als Abweichung, ist aber tatsächlich keine: L
hat legitim von der Möglichkeit seiner Sprache Gebrauch gemacht, eine indikativische Aussage in Unterordnung und damit konjunktivisch wiederzugeben.

1Kön 3,16

16a	אז תבאנה ὤφθησαν		venerunt	sie kamen
	x-pref *aor*		*perf*	impf
b	ותעמדנה ἔστησαν		steteruntque	sie traten
	c-pref aor		perf	impf

16a läßt keine modale oder futurische Erklärung zu und ist
somit eine echte Abweichung von der Theorie. Wir werden uns
unten im Anhang 4 systematisch mit den nach אז außerordentlich häufig auftretenden Abweichungen befassen.

Gen 47,22

22a	x-קנה ἐκτήσατο	–	er hat gekauft
	x-suff aor		perf
b	ואכלו ἤσθιον	(cibaria)	sie lebten
	c-suff *impf*	nom	impf
c	x-נתן ἔδωκεν	praebebantur	hatte angewiesen
	x-suff aor	impf	plqpf
d	x-מכרו ἀπέδοντο	compulsi venderunt	haben verkauft
	x-suff aor	perf	perf

22b läßt sich formal natürlich auch als w-suff verstehen;
es würde sich dann um eine mit dem Kontext harmonische Aussage in der Vergangenheit handeln: "das Ackerland der Priester kaufte er nicht (a) ... sie aßen (b), was der Pharao ihnen gab (c)". Der überraschende Tempuswechsel bei G jedoch
macht darauf aufmerksam, daß von einem חק die Rede ist und
regt zu einer versuchsweisen obliquo-Interpretation als Consuetiv an: "sie pflegten zu essen". Stoßend ist dann aber sofort die unzweideutige recto-Form 22c. Spontan müßte man auch
hier obliquo als Consuetiv erwarten. Erst bei näherem Zusehen
zeigt sich eine mögliche, sehr feine Unterscheidung zwischen
b und c (das Gesetz bezieht sich auf die Priester, nicht auf
den Pharao!): "sie pflegten zu essen, was der Pharao ihnen

(je und je faktisch) gab". Für unser Sprachempfinden ist der
Unterschied so gering, daß die beiden Aussageweisen durchaus
austauschbar sind, ohne daß sich die Aussage selbst wesent-
lich ändert: "sie aßen, was der Pharao ihnen zu geben pflegte". Es wird sich aber im weiteren Verlauf der Arbeit noch
verschiedentlich zeigen, daß Hebr. außerordentlich scharf
zwischen (modalem) Consuetiv einerseits und (indikativischem)
Durativ und Iterativ andererseits unterscheidet. - Wenn die
obliquo-Form für 22b hier auch formal nicht eindeutig ist,
möglich und sogar wahrscheinlich ist sie trotzdem. Der überraschende Tempuswechsel hat dann seinen guten Grund und stellt
der Zuverlässigkeit und Sprachkompetenz von G ein gutes Zeugnis aus!

L ist hier - ob aufgrund des ihm unverständlichen Tempus-
wechsels bei G? - mit der Vorlage nicht zurechtgekommen und
bietet eine freie Übersetzung, die als Prüfungsinstanz nicht
mehr tauglich ist.

Gen 37,5; 2Kön 23,25

5a	וַיַּחֲלֹם	ἐνυπνιασθείς	visum somnium	er träumte
	c-pref	pt	pt	impf
b	וַיַּגֵּד	ἀπήγγειλεν	accidit ut referret	er erzählte
	c-pref	aor	*impf conj*	impf
25a	x-הָיָה	ἐγενήθη	fuit	ist gewesen
	x-suff	aor	perf	perf
b	x-שָׁב	ἐπέστρεψεν	qui reverteretur	bekehrte sich
	x-suff	aor	*impf conj*	impf
c	x-קָם	ἀνέστη	surrexit	ist aufgestanden
	x-suff	aor	perf	perf

5b bietet L eine Ausschmückung der Vorlage aus stilistischen Gründen. - 25b steht L unter *eigensprachlichem Formzwang:* nach unbestimmten Ausdrücken des Seins (25a) verlangt
die lateinische Grammatik den Konjunktiv (Schulbeispiel: sunt
qui dicant). In beiden Fällen macht L inhaltlich eine indikativische Aussage. Die formale Abweichung steht für inhaltliche Entsprechung! - Bei G sind solche scheinbare Abweichungen eher selten.

Joel 2,10f

10a	רגזה-x συγχυθήσεται	contremuit	sie bebt
	x-suff *fut*	perf	präs
b	רעשו(-x) σεισθήσεται	moti sunt	er wankt
	x-suff *fut*	perf	präs
c	קדרו-x συσκοτάσουσιν	obtenebrati sunt	verfinstern sich
	x-suff *fut*	perf	präs
d	אספו-x δύσουσιν	retraxerunt	sie verlieren
	fut	perf	präs
11a	נתן-x δώσει	dedit	er ruft
	x-suff *fut*	perf	präs
b	יכילנו-x ἔσται ἱκανός	sustinebit	kann bestehen
	x-pref fut	fut	mod

Für sich allein betrachtet läßt sich diese hartnäckige futurische Wiedergabe von recto-Formen durch G nicht erklären.
Der Weg zu einer Lösung aber tut sich auf, wenn wir den Text
literarkritisch im weiteren Zusammenhang unter die Lupe nehmen. Joel 2,1-11 entwirft ein apokalyptisches Bild vom Tag
Jahwes. Die Verse 4-9 sagen eine Katastrophe an: es werden
die Taten eines "großen und gewaltigen Volkes" geschildert
bis hin zur Eroberung der Stadt und der einzelnen Häuser, und
zwar durchgehend mit obliquo-Formen, die von G und L ebenso
durchgehend mit fut wiedergegeben werden. Mit v10 aber kommt
ein Bruch: das Thema wechselt zur Heilszusage, das Tempus zu
recto, das handelnde Subjekt zu Jahwe und seinen Requisiten.

Der literarische Vorgang läßt sich leicht ausmalen: Da
steht in den Versen 4-9 [14] ein recht profaner Text über den
künftigen Untergang der Stadt durch ein mächtiges Fremdvolk.
Keine Spur davon, daß andere Mächte auch noch etwas zu sagen
haben. Jemand findet das denn doch zu anstößig. Er sucht und
findet einen vorgeformten Stoff [15], der geeignet ist, den Ak-

---

14 Die mögliche Zuweisung von 1-3 und 11b mit dem Thema vom "Tag Jahwes" können wir hier übergehen.
15 Jedenfalls für v10 ist das offensichtlich. Die Anklänge von 10a an
   Ri 5,4 bzw Ps 68,9 und auch an Joel 4,16 sind nicht zu überhören, und
   10b kehrt identisch wieder in Joel 4,15. - Für 11a finden sich Anklänge in Ex 9,23 und Mal 3,23.

zent in seinen Augen wieder richtig zu setzen, und schließt
ihn an - allerdings ohne das Tempus seiner Vorlage der neuen
Umgebung anzupassen [16]. Damit kommt es für den kompetenten Leser zu dem grotesken Resultat, daß ein Ereignis in der Zukunft
mit einem bereits geschehenen Ereignis [17] abschließt.

Soweit die mögliche literarkritische Interpretation für den
Bruch in der hebr. Tempuswahl. Aber nun können wir aufgrund
von G und L noch eine nicht uninteressante Nachgeschichte re-
konstruieren:

Der *jüdische* Autor von G, dem der hebr. Text in seiner End-
fassung vorliegt und von dem wir annehmen dürfen, daß er den
Tempuswechsel in seiner Vorlage bemerkt hat, sieht sich vor
einem unüberwindlichen Hindernis. Die Verse 1-9 sprechen -
für ihn korrekt im Futur - von einem in eschatologischer Fer-
ne liegenden katastrophalen "Tag Jahwes". Wie kann er da aus-
gerechnet den Schluß mit seinem Hoffnungsstrahl, daß Jahwe
mit seinen Machtmitteln dann schon noch rechtzeitig eingrei-
fen und dem üblen Treiben ein Ende setzen wird, in die Vergangenheit setzen? Ihm bleibt nichts anderes übrig, als gegen besseres sprachliches Wissen den hebr. Text zu korrigieren und mit fut weiterzufahren.

Ganz anders ist die Situation des *christlichen* Autors von
L. Für ihn haben sich ja sämtliche Heilszusagen des AT *in
Christus bereits erfüllt* - und sind von den Juden verworfen
worden. Ihm mag es sogar ein stilles Vergnügen bereitet haben, seinen jüdischen Zeitgenossen sagen zu können: In eurer
eigenen hebr. Bibel steht es ja - von der LXX böswillig ver-
tuscht - daß das Heil bereits eingetroffen ist. Dazu nahm
er den in seiner Übersetzung jeder inneren Logik spottenden

16 Ob er die Spannung aus Inkompetenz nicht bemerkte oder ob er den Text
als kanonisch vorgegeben nicht ändern durfte, bleibe dahingestellt.
17 Zur Hypothese eines möglichen Verständnisses als "perfectum propheticum" vgl unten Anhang 4 h.

Wechsel von fut zu perf offenbar noch gern in Kauf. - Dieser
ideologischen Spannung zwischen G und L werden wir im Folgenden noch gelegentlich begegnen. Die Tatsache aber, daß er G
in der Tempuswahl nicht blindlings gefolgt ist, stellt auch
der Sprachkompetenz des hl. Hieronymus ein gutes Zeugnis aus!

Ps 69,5

5a	רבו ἐπληθύνθησαν	multiplicati sunt	sind zahlreicher
	o-suff aor	perf	präs
b	עצמו ἐκραται ώθησαν	confortati sunt	sind mächtiger
	o-suff aor	perf	präs
c	x-גזלתי ἤρπασα	rapui	(habe) geraubt
	x-suff aor	perf	perf
d	אז אשיב ἀπετίννον	exsolvebam	soll erstatten
	x-pref *impf*	*impf*	mod

5ab bringt zweimaliges (poetisches) o-suff, aber ohne ersichtlichen Funktionsunterschied zum x-suff 5c. - 5d haben
wir eine Übersetzungsschwierigkeit von G und L im Zusammenhang mit אז, das unten im Anhang 4 e systematisch zur Sprache
kommen wird. Falls hier nicht ein textkritisches Problem vorliegt[18], dürfte SCHNEIDER mit seiner modalen Übersetzung richtig getroffen haben. G und L signalisieren zwar den Tempuswechsel, was sie aber mit impf intendieren, ist mir nicht
einsichtig.

---

18 BHK (14. Aufl.) vermutet eine Textkorruption, was von BHS aber nicht
mehr aufgenommen wird.

5. Die statistische Auswertung

Damit sind sämtliche in der Textsammlung von SCHNEIDER auftretenden Abweichungen von unserer Theorie erfaßt. In der nun
folgenden Verarbeitung kommen auch die Belege aus jenen Textbeispielen hinzu, die nur Entsprechungen aufweisen und auf
deren Aufführung ich oben aus Platzgründen verzichtet habe.

Zur Organisation der statistischen Tabellen (in der hinte-
ren Umschlagtasche) vorerst einige Bemerkungen:

1. Die Verbformen von L sind in der Horizontalen, die von G
in der Vertikalen angeführt.

2. Sie sind grob gruppiert in indikativische und modale
Formen (in der Übersetzungssprache).

3. Von den indikativischen Formen sind nur impf und präs einzel aufgeführt, da sie, wie sich teilweise schon gezeigt hat,
offenbar eine Sonderstellung einnehmen. - Lat. cum historicum wird, obwohl formal konjunktivisch, als uneigentliche Abweichung bereits von Anfang an zu den indikativischen Formen
gezählt.

4. Die beiden Gruppen sind durch das mit |-| beschriftete
Feld getrennt. Hier aufgeführte Belege bezeichnen Fälle, wo
das hebr. Verb von G bzw L nicht oder in einer Weise übersetzt wurde, die als Kontrollinstanz nicht mehr tauglich ist:
Partizipial-, Nominal- oder Infinitivkonstruktionen, aber
auch Fälle, wo G/L so weit vom MT abweichen, daß ihr Text
nicht mehr als Übersetzung angesprochen werden kann (im Gegensatz zu Fällen, wo zwar eine Abweichung nach Semantik, Person oder Zahl besteht, in der Syntax der Bezug zum MT aber
immer noch sichtbar bleibt!).

5. Die Fälle, wo das bei beiden Übersetzungen gleichzeitig
eintrifft, sind als nicht-überprüfbar ausgeschieden.
6. Block A umfaßt jeweils die Fälle, wo unsere Theorie sich
übereinstimmend bestätigt, D die übereinstimmenden Abweichungen, B und C die Abweichungen von L allein bzw G allein.

Die Beweisführung für die ersten beiden Punkte unserer
These (inhaltliche Austauschbarkeit der einzelnen Formen auf
der recto- bzw obliquo-Seite) verlangte, daß wir die einzelnen Formen einzel aufschlüsseln. Aber erst das bedeutend um-
fangreichere Material unten im systematischen Teil macht so
etwas überhaupt statistisch sinnvoll.

Die 139 hebr. *recto*-Formen (76 c-pref, 55 x-suff, 8 o-suff)
erbringen ein überzeugendes Resultat (<u>Tabelle 1</u>): In Block A
liegen 92,8% der erfaßten Belege, wogegen Feld D (übereinstim-
mende Abweichungen) ganz leer ist. Die 4 Abweichungen in Feld
B haben sich als lediglich formal erwiesen und sind, wie sich
gezeigt hat, stilistisch bzw durch eigensprachlichen Formzwang bedingt. Eigentliche Abweichungen, aber literarkritisch
bzw ideologisch verdächtig sind die 5 fut im Block C, während der conj als sekundäre Harmonisierung von G wahrscheinlich ist.

Auf den ersten Blick schlechter schneiden die 68 *obliquo*-
Formen ab (29 c-suff, 37 x-pref, 1 w-pref, 1 o-pref), die
sich in den Textbeispielen von SCHNEIDER finden (<u>Tabelle 2</u>):
Nur 81,2% der Belege sind in Block A eingetragen, dafür 17,4%
gar in Block D. Dahingegen sind die einseitigen Abweichungen
mit einem einzigen Beleg bei L verschwindend selten vertreten.

Dieser ungünstige Eindruck verschwindet, sobald wir die
Abweichungen genauer unter die Lupe nehmen. Das präs in Block
B hat sich als Konstruktion mit "velle" inhaltlich als modaler Ausdruck entpuppt. Und auch die Notierungen in Block D
sind größtenteils uneigentliche Abweichungen: von den aor/perf

konnten wir einen Beleg textkritisch aufgrund von Qu als
recto-Form identifizieren, den anderen mußten wir wegen אז
auf die systematische Untersuchung im Anhang verweisen. -
Beim aor/impf handelt es sich um das Modalverb יכל mit seiner Besonderheit in der Tempuswahl (während L hier אכל gelesen hat). - 7 von den impf/impf sind als Consuetiv, der im
Hebr., nicht aber in den Übersetzungssprachen Modalform verlangt, uneigentliche Abweichungen. Der achte Beleg, ebenfalls
im Zusammenhang mit אז, ist offensichtlich eine Verlegenheitslösung von G/L und kommt im Anhang 4 nochmals zur Sprache.

Selbst wenn die bis dahin beigebrachten Lösungsvorschläge
für das Problem der Abweichungen da und dort noch zu unge-
sichert erscheinen mögen, so berechtigt der Gesamteindruck
doch dazu, bezüglich Theorie und Methode auf der eingeschla-
genen Spur systematisch weiterzugehen.

6. Arbeitsschritte

Die Ausbreitung des untersuchten Textmaterials, die oben den breitesten Raum eingenommen hat, werden wir im systematischen Teil den Vorarbeiten überlassen müssen. Die Darstellung wird mit der statistischen Aufschlüsselung des so gewonnenen Untersuchungsmaterials beginnen.

Dabei gehen wir von dem groben Schema aus, daß
- eine hebr. recto-Form in den Übersetzungen eine Indikativform (außer fut),
- eine hebr. obliquo-Form in den Übersetzungen eine Modalform (conj, opt, imp) bzw fut (das sprachlogisch hier wohl seinen legitimen Platz hat) als Entsprechung haben muß.

Wo dies nicht der Fall ist, notieren wir die entsprechende Stelle als *formale Abweichungen*. In einem weiteren Schritt wird es darum gehen, daraus die *uneigentlichen Abweichungen* auszuscheiden, dh jene Fälle, wo der Übersetzer zwar die ihm vorliegende hebr. Tempus-Form nach unserer Theorie übersetzt, seine eigene Verbform aber doch vom angelegten groben Schema abweicht, sei es
- daß ihm textkritisch eine vom MT abweichende Verbform vorgelegen haben kann,
- oder daß der KT auch die abweichende Lesart ermöglich (was bei den c- und w-Formen als die Regel gelten muß!),
- oder daß ein formal abweichender eigensprachlicher (auch stilistischer) Formzwang seitens des Übersetzers nachweisbar ist.

Bei den verbleibenden *eigentlichen Abweichungen* interessiert schließlich

- ob außersprachliche (theologische, ideologische, aber auch
literarkritische) Interpretationszwänge und Fehlleistungen
seitens des Übersetzers für die Abweichung verantwortlich gemacht werden können,
- und ob schließlich unerklärliche Abweichungen sich systema-
tisieren und zu eigensprachlichen Gesetzmäßigkeiten der hebräischen Grammatik verdichten lassen. Hier werden sicher die
interessantesten Einblicke zu erwarten sein.

Dabei kommen wir oft nicht darum herum, den Rahmen der untersuchten Textstücke zu verlassen und bestimmten Phänomenen
quer durch das ganze hebr. AT hindurch nachzugehen. Um den
Arbeitsgang nicht mit Exkursen zu überlasten, habe ich solche Untersuchungen in der Regel in den Anhang verwiesen.

Zu der hier dargestellten Methode ist einschränkend zu be-
merken, daß sie natürlich auch ihre immanenten Schwächen hat.
Gründlich untersucht werden nur jene Fälle, die durch abweichende Form bei G/L interessant werden, und das sind nach
Wegfall der homonymen hebr. Verbformen für recto *und* obliquo
sowie aller formalen (ob auch inhaltlichen?) Entsprechungen
nur noch weniger als 10% des hier erfaßten Textmaterials. Und
auch hier geht es in erster Linie nur darum, die Richtigkeit
des angelegten Grundschemas zu beweisen. Von diesem Grundschema aus dürfte es dann allerdings für die weitere For-
schungsarbeit leicht möglich sein, an einzelne Phänomene der
hebr. Tempuswahl auch einen feineren Raster anzulegen.

VI. SYSTEMATISCHER TEIL

1. Vorbemerkungen

a) Textauswahl

Theorie und Methode müssen sich an jedem beliebig heraus-
gegriffenen Stück des hebr. AT gleichermaßen bewähren. Da es
nun nicht möglich (zumutbar) ist, gleich sämtliche finiten
Verben des AT in dieser arbeitsintensiven Weise zu examinieren, muß ich mich auf eine möglichst umfangreiche und repräsentative Auswahl beschränken. Es hätte die Möglichkeit be-
standen, nach dem Zufallsprinzip zB jede 10. oder 20. Seite
der Bibel herauszugreifen. Da aber von Anfang an der Verdacht bestand, das sprachtheoretische Problem der Tempuswahl
könnte im Fall des biblischen Hebräisch nicht zuletzt auch
ein literarkritisches Problem sein, und da gattungskritische
sowie diachronische Fragestellungen wohl nicht ausgeklammert
werden durften, empfahl es sich, möglichst homogene Stücke
von ausreichendem Umfang[1] auszuwählen.

Mein Interesse an der Problematik war durch einen Jesaja-
Text geweckt worden, wo es um die Frage ging, ob hier von
einem Ereignis in der Vergangenheit oder in der Zukunft die
Rede sei. Im *Buch Jesaja,* das auch wegen dem ältesten praktisch vollumfänglich erhaltenen Textzeugnis aus Qumran die

---

1 Eine prozentuale Aufschlüsselung wird erst von 100 Belegen an sinnvoll.

besten textkritischen Voraussetzungen bietet, konnte ich nicht
nur genügend kohärente Stücke, sondern neben prophetischen
und eigentlich poetischen auch erzählerische Texte erwarten.
Das in seinem vollen Umfang analysierte Buch macht mit seinen
über 3000 Belegen mehr als die Hälfte des hier untersuchten
Materials aus. Es zeigte sich aber, daß es beim Deutero- und
Trito-Jesaja mit der Kohärenz nicht mehr so weit her war, und
der streckenweise recht schwierige Text mit einer durchschnittlichen Abweichungsquote von über 10% mußte eine ungünstige Ausgangslage für die statistische Erhärtung einer
Theorie abgeben. So mußte das Feld ausgeweitet werden.

Von den sog. *"alten Quellen"* schienen mir Gen 24 und 37 genügend lange, leicht interpretierbare Stücke mit vorwiegend
erzählerischem Charakter. - Aus dem "jungen" *Deuteronomium*
wählte ich den Erzähltext 1-4 und den Gesetzestext 12f. -
Als herkömmlicherweise "uraltes" Traditionsgut bzw schwierige Poesie interessierte mich Ri 5 mit dem *Debora-Lied*. Dieser
Text ist die einzige Einheit, die hinter der gesetzten Limite von 100 Belegen zurückbleibt. - Unter dem Gesichtspunkt
eines beschreibenden Textes wählte ich die *Schilderung vom*
Tempelbau 1Kön 6-8,11 aus. - Aus dem *Psalmenbuch* erwies sich
der Geschichtspsalm 78 als genügend umfangreich und leicht zu
interpretieren, während Ijob 1f und 3-7 die *Weisheitslitera-*
tur vertreten möge. - Die Bücher Ester und Rut gehören zu
den sog. *"Spätwerken"* unseres AT. Für mich sind sie als recht
homogene längere Stoffe aus städtischem bzw ländlichem Er-
zählermilieu interessant.

Wenn ich auch die *aramäischen* Stücke aus Esra und Daniel
in die Untersuchung mit einbezogen habe, so deshalb, weil
bei dieser dem Hebr. nahe verwandten Sprache grundsätzlich mit
einer größeren Sprachkompetenz der Septuaginta-Übersetzer
gerechnet werden darf, andererseits mit dem Wegfall der conversiv-Formen eine häufige Interpretationsunsicherheit am KT

wegfällt. Ich ziehe daher die Daten aus den aramäischen Texten als Vergleichsmittel bei, gehe aber sonst kaum systematisch darauf ein.

b) Arbeitsfehler

Bei der Umfänglichkeit des Materials ist es fast nicht zu
vermeiden, daß mir bei der Identifizierung der hebr., griech.
und lat. Verbformen Fehler unterlaufen sind. Verdächtige oder
unsichere Formen wurden aber immer erst eingetragen, wenn sie
sich mittels Grammatik oder Lexikon identifizieren ließen.

Die Auswertung ist ohne technische Hilfsmittel erfolgt.
En passant ausgemerzte Fehler wurden in den Tabellen nicht
immer nachgetragen. Da es bei den statistischen Aufstellungen
um kaum mehr als den Nachweis von *Tendenzen* gehen kann, glaubte ich mich hier auch nicht an buchhalterische Sorgfalts-
pflicht gebunden. Geringfügige Unstimmigkeiten in den Tabellen mögen also toleriert werden.

c) Interpretierbarkeit von statistischem Material

Damit ist eine grundsätzliche Frage angesprochen: Wie weit
läßt sich Sprache und vor allem ein von so vielen Imponderabi-
lien abhängiger geistiger Vorgang wie eine Übersetzung legitim in Zahlen fassen und interpretieren? - Um die Informa-
tionsflut einzudämmen und eine Übersicht über die zugrunde-
liegenden Gesetzmäßigkeiten zu gewinnen, kommen wir nicht darum herum, gleich gelagerte Belege aufzulisten. Das so ge-
wonnene Zahlenmaterial möchte sodann interpretiert sein. Dabei ist zum Vornherein zu erwarten, daß bestenfalls bestimmte *Trends* zum Vorschein kommen. Und hier ist es eine Ermes-

sensfrage, von wo an Schwankungen als signifikant angesehen werden dürfen. Generell lege ich die Toleranzbreite auf 10% fest, ohne mich indes bei *Abweichungen von der Theorie* davon zu dispensieren, dem Phänomen bis zur letzten Einheit nachzugehen.

2. Die Verteilung der hebr. (und aram.) Verbformen

Das Ergebnis ist auf <u>Tabelle 3</u> dargestellt. Die *Kursivzahlen* geben die Prozente an im Verhältnis zum TOTAL der betreffenden Texteinheit.

Bei anderen Fragestellungen vermag die Tabelle sicher interessante Auskünfte zu geben. Ihre Auswertung soll hier aber nur so weit erfolgen, als die Beobachtungen unsere These tangieren:

- *Verhältnis recto:obliquo.* Wenn im Total die Belege der recto- und der obliquo-Seite nur um 0,2% differieren, so ist das ein Zufallsergebnis und sagt lediglich aus, daß die Auswahl des Belegmaterials in dieser Hinsicht ausgeglichen erfolgt ist. Zwischen den einzelnen Textstücken hingegen zeigen sich ganz beträchtliche Schwankungen, die *gattungskritisch* von Interesse sein können.

Für die Richtigkeit der hier postulierten Funktionsverteilung spricht der deutliche Überhang von recto bei Erzähltexten, von obliquo hingegen beim Gesetzestext (Willensäußerungen) Dtn 12f und beim Weisheitstext (verallgemeinernde Aussagen) Ijob 3-7, während bei Jesaja die Blöcke mit überwiegend moralisierenden und in die Zukunft weisenden Drohtexten sich deutlich gegen den Erzähltext 30-39 und das Trostbuch 40-55 abheben.

- *Verhältnis c-Formen:x-Formen.* Im Total weisen die beiden x-Formen je auf ihrer Seite die größte Häufigkeit auf, in unterschiedlichem Abstand gefolgt von den beiden c-Formen. Bei den einzelnen Textblöcken sind aber auch hier die Schwankungen ganz beträchtlich. Dabei ist es kaum möglich, dieses Phä-

nomen in bestimmte Gesetzmäßigkeiten zu fassen. Wenn zB bei
den Erzähltexten Gen 24 und 37 auf der recto-Seite c-pref gegenüber x-suff in der Mehrheit ist, so gilt das nicht beim Erzähltext Dtn 1-4. Im ganzen Buch Jesaja überwiegen die x-Formen gegenüber den c-Formen. Lediglich Jes 13-23 macht auf der
obliquo-Seite eine unerklärliche Ausnahme. Gen 24 und 37 sind
einander sehr ähnlich, haben aber wenig gemeinsam mit dem
angeblich auch "alten" Text Ri 5, stehen in der Wahl der Verbformen vielmehr den "Spätwerken" Rut und Ester nahe. Und wie
ist die verblüffende Ähnlichkeit zwischen 1Kön 6-8,11 und
Ijob 1f oder zwischen Ps 78 und Est zu erklären? - Negativ
läßt sich nur so viel sagen: für das Verhältnis c-Form:x-Form
ist grundsätzlich nicht die einzelne Textgattung verantwortlich. Ebensowenig läßt sich ein diachronisches Gefälle zwischen "alten" und "jungen" Texten (nach herkömmlicher Datie-
rung) feststellen. Positiv werden es wohl *stilistische Gründe* der einzelnen Autoren(gruppen) sein, die über die Wahl
zwischen c-Form und x-Form entscheiden.

   In der *Horizontalen* hingegen läßt sich eine interessante
Beobachtung machen. Zu erwarten wäre, daß das Verhältnis
c-Form:x-Form auf der recto- und auf der obliquo-Seite sich
jeweils entspräche. Auffällig ist nun, daß überall dort, wo
bei recto die c-Form überwiegt, diese auf der obliquo-Seite
ebenso deutlich hinter der x-Form zurücksteht. Aus der Tatsache, daß es sich dabei ausschließlich im Text mit erzählerischem Inhalt handelt, könnte man hier schon darauf schlies-
sen, daß die c-Form eben nicht generell als Stilmittel aufgefaßt wurde, sondern daß es sich hier ganz spezifisch um die
Wahl des *Narrativs c-pref* handeln kann. - Isoliert steht das
Überwiegen von c-suff (reziprok zur recto-Seite) bei Jes 13-
23, was sich als Einzelfall hier aber nicht interpretieren
läßt.

- *Vorkommen von w- und o-Formen.* Gegenüber den c- und x-For-

men treten diese deutlich zurück: gesamthaft kommt ihr Anteil lediglich auf 13%. Unter 10% liegt er bei den Texten aus
Gen, Dtn, 1Kön, Ijob 1f, Rut und Est, über 20% bei Ri 5 und
Jes 24-27 (das auf beiden Seiten den Rekord an o-Formen aufweist); 40-66. Ein Gefälle zwischen Prosa und Poesie zeich-
net sich deutlich ab[2]. Während bei den w-Formen allein dieses
Gefälle nicht ganz so eindeutig ist, so ist es bei den o-Formen allein eklatant: in Prosatexten sind o-Formen eine spora-
dische Ausnahme. - Auffällig ist, daß beim Wegfall der c-Formen in den aramäischen Texten lediglich der Anteil von w-suff
ganz beträchtlich ansteigt, während die anderen Formen sich
im Rahmen der hebr. Prosatexte halten. Wie das zu erklären
ist, muß hier dahingestellt bleiben[3]. Für uns hier von Belang ist der damit auftretende Verdacht, daß der im Vergleich
dazu geringe Anteil an w-suff bei den hebr. Texten auf eine
Reihe von Fehlinterpretationen beim formgleichen c-suff zurückzuführen ist.

---

2 Der vorwiegend erzählerische Text Jes 36-39 weist mit 12% einen relativ hohen Anteil an w- und o-Formen auf. Bei näherer Betrachtung
   zeigt es sich aber, daß von den insgesamt 28 Belegen deren 20 auf die
   beiden poetischen Textstücke 37,22-29 und 38,10-20 entfallen, die
   miteinander nur ein knappes Viertel der Verbvorkommen von Jes 36-39
   ausmachen.

3 Wenn man ein Ansteigen des Anteils an w-suff diachronisch als Indiz
   für größere Nähe zur späteren aramäischen Umgangssprache fassen will,
   so hat das für das angeblich sehr hohe Alter des Debora-Lieds Ri 5
   mit seinem Rekordanteil von 5% fatale Folgen. Nur wird man sich auf
   diese Beobachtung allein nicht stützen dürfen, denn bei effektiv nur
   drei Belegen kann das ein Zufallsergebnis sein. Auf eine mögliche Nähe
   zum Aramäischen weist aber auch der Wegfall von c-Formen: von den 3
   c-pref entfallen 2 auf den redaktionellen Rahmen, während ותיגּנ v28
   textkritisch sehr unsicher ist (eine Herleitung von der aramäischen
   Radix תוג ist nicht ausgeschlossen).

3. Die Verteilung auf die griech. und lat. Verbformen

Hier geht es darum, anhand von Septuaginta (G) und Vulgata (L) zu überprüfen, wie die einzelnen hebr. Verbformen übersetzt werden. Außer der Frage, ob unsere Theorie von der
Funktion der recto- und obliquo-Formen sich bestätigt, interessiert uns auch, ob innerhalb von recto bzw obliquo zwischen den einzelnen Formen sich signifikante Funktionsunter-
schiede nachweisen lassen, wenigstens soweit der hier ange-
legte grobe Raster einen solchen Nachweis zuläßt. Es sei
daran erinnert, daß nach Punkt 1 und 2 unserer These diese Formen untereinander grundsätzlich austauschbar sind.

Zur Organisation der Tabellen vgl. oben S. 59f. Die *Kursivzahlen* geben das prozentuale Verhältnis zum Total der pro
Tabelle erfaßten Belege an.

a) recto

Die Verteilung der recto-Formen ist auf den <u>Tabellen 4 - 7</u>
(aram. 12) dargestellt. Die Verteilung auf die Blöcke A - D
ergibt folgendes Resultat:

	A	%	B	%	C	%	D	%
c-pref	937	*93,9*	20	*2,0*	13	*1,3*	28	*2,8*
x-suff	1482	*88,7*	72	*4,3*	50	*3,0*	66	*4,0*
w-suff	112	*95,7*	5	*4,3*	–	–	–	–
o-suff	177	*81,9*	4	*1,9*	24	*11,1*	11	*5,1*
aram	323	*95,8*	14	*4,2*	–	–	–	–

Mit durchschnittlich über 90% der Belege im Block A ist es

schon in diesem Stadium der Untersuchung so gut wie gesichert,
daß G und L die recto-Formen *grundsätzlich indikativisch* verstanden haben. Wie weit es sich bei den Belegen in den Blök-
ken BDC tatsächlich um Abweichungen von diesem Grundverständ-
nis handelt, wird erst die Detailuntersuchung erweisen können. Für den Moment mögen folgende Beobachtungen genügen:

- Die Erwartung hat sich bestätigt, daß die aramäischen Texte durch den Wegfall der conversiv-Formen den Übersetzern weniger Interpretationsprobleme boten.

- Bei w-suff macht sich die von mir bei der Zuteilung getroffene Vorentscheidung gegenüber der formgleichen obliquo-Form
c-suff bemerkbar.

- Mit fast 20% die weitaus größte Abweichungsquote weist das
praktisch ausschließlich in poetischen Texten vorkommende
o-suff auf.

Um nun abzuklären, ob innerhalb der recto-Gruppe die einzelnen Formen *spezifisch eigene Tempusbezüge* aufweisen, müssen die unter die einzelnen griech. und lat. Tempora fallenden
Belege einander gegenübergestellt werden, wobei selbstverständlich jeweils die ganze Zeile bzw Kolonne in den Tabellen
berücksichtigt werden muß (wir begnügen uns hier mit dem Aufweis der *Prozentzahlen):*

		c-pref	x-suff	w-suff	o-suff	aram	
aor perf plqpf	(G)	84,7	73,3	83,9	59,8	86,6	%
perf plqpf c.hist	(L)	81,9	78,8	82,1	89,9	85,2	%
im Mittel		83,3	76,1	83,0	74,9	85,9	%

Bei den Vergangenheitsformen (außer bei impf) bewegen sich
alle Daten im Umkreis von 80%. Einzig o-suff fällt bei G
weit ab (was durch den hohen Prozentsatz an Abweichungen kompensiert wird). Ob das als Signal für eine Sonderfunktion

von o-suff zu werten ist, wird erst die Untersuchung der Abweichungen zeigen können. Man beachte, daß L die Meinung von
G offenbar gar nicht teilt und hier sogar den größten Prozentsatz aufweist. - Die Narrativ-Funktion von c-pref kommt
bei dieser Aufstellung, die alle nicht-durativen Vergangenheitsformen zusammennimmt, nicht zum Ausdruck.

	c-pref	x-suff	w-suff	o-suff	aram
impf (G)	1,5	3,3	6,9	0,5	8,3 %
impf (L)	2,3	3,4	10,3	1,0	7,7 %
im Mittel	1,9	3,4	8,6	0,8	8,0 %

Wenn hier innerhalb der 10%-Spanne sich eine Tendenz von
w-suff zum Durativ hin abzuzeichnen scheint, so geht das auf
eine Verzerrung aufgrund der gesamthaft wenig zahlreichen
w-suff-Belege zurück: effektiv handelt es sich um 7 Fälle,
wovon 3 allein auf den Vers Ps 78,34 entfallen.

	c-pref	x-suff	w-suff	o-suff	aram
präs (G)	0,7	8,3	0,9	2,8	1,2 %
präs (L)	1,2	6,2	-	1,4	0,9 %
im Mittel	1,0	7,3	0,5	2,1	1,1 %

Auch hier bleibt die 10%-Spanne gewahrt. Wenn x-suff durch
einen bemerkenswert hohen Anteil an präs-Interpretationen
hervorsticht, so darf das nicht als generelle Tendenz gewer-
tet werden. Zieht man nämlich die 59 Fälle ab, wo אמר von Jahwe ausgesagt wird (prophetische Botenformel und analoge Formu-
lierungen), so bleibt lediglich noch ein Mittel von 4,2%.

b) obliquo

Die einschlägigen Zahlenwerte sind in den Tabellen 8 - 11
(aram: 13) zu finden.

Teilen wir auch hier das Resultat wieder auf die vier Blöcke
auf, so ergibt das folgendes Bild:

	A	%	B	%	C	%	D	%
c-suff	643	97,9	10	1,5	4	0,6	–	–
x-pref	1525	81,4	59	3,2	82	4,4	207	11,1
w-pref	151	71,2	9	4,2	10	4,7	42	19,8
o-pref	122	73,5	5	3,0	5	3,0	34	20,5
aram	206	86,6	2	0,8	2	0,8	28	11,8

Die obliquo-Seite bringt zwei Rekorde: c-suff steht mit
fast 100% Entsprechungen am besten da, während w-pref mit
fast 30% gesamthaft die höchste Abweichungsquote aufweist.
Für das gute Resultat von c-suff ist sicher nicht zuletzt die
mangels formal-distinktiver Merkmale notwendig von mir getroffe-
fene Vorentscheidung zwischen dieser obliquo-Form und der
formgleichen recto-Form w-suff verantwortlich[4]. – Mit einem
überdurchschnittlich hohen Anteil an Abweichungen erweist
sich auch auf der obliquo-Seite die o-Form als besonders
schwierig zu interpretieren.

Daß die obliquo-Seite gesamthaft rund doppelt soviele Abweichungen aufweist wie die recto-Seite[5], kann nach den Erfahrungen oben im methodischen Teil nicht mehr überraschen.
Ebenfalls zeigt sich auch hier, daß die Abweichungen vorwiegend im Block D liegen, während B und C eher schwach besetzt
sind. Wie weit dieses Phänomen unsere These zu modifizieren
vermag, wird erst die Detailuntersuchung zeigen. Ein Indiz
auf das zu erwartende Ergebnis läßt sich aber hier schon aus
dem Vergleich mit den aramäischen Texten ablesen: Trotz präsumptiv höherer Sprachkompetenz von G und durchwegs leichten
Texten steigt die Abweichungsquote bei obliquo sprunghaft an[6].

---

4 Die Entscheidung zwischen w-pref und dem im KT formgleichen c-pref ist
  durch die masoretische Vokalisierung vorgegeben. Obwohl in einzelnen
  Fällen sicher anfechtbar, habe ich diese Vorentscheidung der Masoreten
  in diesem Stadium der Untersuchung konsequent respektiert.
5 Wenn wir die Blöcke B und C nur halb berechnen, beträgt die Abweichungsquote bei recto 7,5%, hier aber 14%.
6 Bei gleichem Berechnungsschlüssel weist aram recto 2%, obliquo aber
  12% Abweichungen auf.

Der Grund dafür wird also weniger aufseiten der Vorlage, als
vielmehr bei generellen eigensprachlichen Formzwängen der
Übersetzer zu erwarten sein.

Gehen wir auch hier noch kurz der Frage nach, ob innerhalb
der obliquo-Gruppe die einzelnen Formen je *spezifische Eigen-*
funktionen aufweisen:

	c-suff	x-pref	w-pref	o-pref	aram	
fut (G)	86,1	51,6	40,5	42,1	44,9	%
fut (L)	80,5	54,0	37,2	49,9	33,2	%
im Mittel	83,3	52,8	38,9	46,0	39,1	%

Hier zeigt sich ein ganz klarer Überhang von c-suff zum
futurischen Tempusbezug hin, dem gegenüber vor allem w-pref
stark abfällt. – Auffällig ist, daß mit dem Wegfall der c-
Form im Aramäischen die futurischen Interpretationen gesamthaft sehr stark zurückgehen. Der Grund dafür wird aber auf
gattungskritischer Ebene liegen: im Aram. sind keine prophetischen Texte erfaßt, während diese im Hebr. hier doch rund
die Hälfte der Belege ausmachen.

	c-suff	x-pref	w-pref	o-pref	aram	
imp (G)	2,4	6,7	13,1	10,8	6,7	%
imp (L)	4,1	5,4	3,3	1,2	3,7	%
im Mittel	3,3	5,1	8,2	6,0	5,2	%

Im Mittel bleiben die Zahlen noch gut innerhalb der 10%-
Spanne. – Bemerkenswert sind die teils erheblichen Divergenzen zwischen G und L. Wenn G gesamthaft häufiger mit imp
übersetzt, so ist zu bedenken, daß im Gegensatz zur lateinischen (und hebräischen) die griechische Grammatik auch die
Möglichkeit eines *verneinten* Imperativs kennt.

	c-suff	x-pref	w-pref	o-pref	aram	
conj opt (G)	5,1	19,2	16,6	10,8	28,1	%
conj (L)	9,2	25,6	33,9	23,4	48,2	%
im Mittel	7,2	22,4	25,3	17,1	38,2	%

Bei c-suff (und aram) kompensiert sich hier die bei fut beobachtete Verlagerung, im Verhältnis G : L der unterschiedliche Anteil an imp bei w- und o-pref.

c) Zusammenfassung

Das bisherige Ergebnis zusammenfassend können wir festhalten:

1. *Soweit eine statistische Beweisführung zulässig ist, darf
sie als gelungen bezeichnet werden. In jedem Fall spricht das
massive Überwiegen der Belege im Block A eine deutliche Sprache: G und L verstehen die hebr. recto-Formen grundsätzlich
indikativisch, die obliquo-Formen hingegen grundsätzlich modal oder futurisch.* Rechnen wir die Werte im Block D voll,
die in den Blöcken B und C jedoch zur Hälfte, so liegt die
Quote der formalen Abweichungen gesamthaft mit 10,8% nur ganz
knapp über der 10%-Toleranz.

2. *Auf Sonderfunktionen innerhalb des hier angelegten Rasters
befragt, lassen die Werte lediglich einen Trend von c-suff
zu fut hin unter Vernachlässigung von conj/opt erkennen. –*
Bei den w- und o-Formen fallen teilweise recht beträchtliche
Divergenzen zwischen G und L auf. Gesamthaft wird man bei
diesen Formen mit dem Registrieren von Trends aber vorsich-
tig sein müssen, da bei den kleinen absoluten Zahlen sehr
schnell mit prozentualen Verzerrungen zu rechnen ist.

Damit können wir uns der systematischen Examinierung der
von G und L signalisierten *Abweichungen von unserer Theorie*
zuwenden.

4. Der Sonderfall Präsens

Aus der theoretischen Überlegung heraus, daß präs und impf nach unserem Sprachempfinden eine indikativische Aussage machen, haben wir die entsprechenden Belege grundsätzlich der *recto*-Seite zugewiesen. Die vielen Abweichungen zusammen mit den oben im methodischen Teil damit gemachten Erfahrungen erwecken aber den Verdacht, daß diese Zuteilung generell nicht so möglich ist, daß wir bei griech./lat. Präsens bzw Imperfekt vielmehr *Sonderfälle* vor uns haben, wo der fremdsprachige Indikativ durchaus legitim auch für hebr. *obliquo* stehen kann. Um Einblick in die wahre Natur dieser präs-Übersetzungen zu erhalten, können wir uns hier nicht auf die Untersuchung der formalen Abweichungen beschränken, sondern müssen immer auch einen Blick auf die formalen Entsprechungen werfen.

Die Belege von Indikativ Präsens bei G und/oder L sind auf der <u>Tabelle 14</u> eingetragen. Die Kursivzahlen geben das prozentuale Verhältnis zu den absoluten Werten von Tabelle 3 an.

Folgende Beobachtungen lassen sich anhand der Tabelle machen:

- Im Total sind in unserer Textauswahl die von G und L signalisierten Präsensbezüge finiter Verben gleichmäßig auf die recto- und obliquo-Seite verteilt. Eine Erfolgsquote von knapp 50% entspricht aber lediglich dem Zufallsprinzip, eine Zuweisung der präs-Belege von G und L zu recto ist daher grundsätzlich *nicht gerechtfertigt!* - Von Text zu Text und von Form zu Form zeigen sich aber zT ganz beträchtliche Schwankungen.

- In der *Vertikalen* werden bestenfalls gattungsbedingte

Schwankungen sichtbar. Wenn bei geschichtlich-erzählerischen
Texten der Anteil an präs grob rückläufig ist, so hängt das
davon ab, in welchem Maß vom Stilmittel der direkten Rede -
wo präs in diesem Fall überhaupt erst möglich ist - Gebrauch
gemacht wurde, während ein weisheitlicher Text wie Ijob 3-7
natürlich viel mehr Gelegenheit zum Präsensbezug gibt. Ganz
überraschend selten ist präs bei 1Kön 6-8,11, den wir doch
gerade unter dem Gesichtspunkt eines *beschreibenden* Textes
ausgewählt haben! Spontan würde man hier den größten Anteil
an präs erwarten.
- In der *Horizontalen* scheint auf den ersten Blick bei den
Erzähltexten obliquo zu dominieren. Wenn andererseits bei Jes
mit einer einzigen Ausnahme recto dominiert, so verwundert es
doch, daß diese Ausnahme nicht der Erzähltext 36-39, sondern
die Jesaja-Apokalypse 24-27 ist. Es zeigt sich also mit aller
Deutlichkeit: die Verteilung von griech./lat. Präsens hat mit
den Kategorien von recto und obliquo generell nichts zu tun
sondern unterliegt dem *Zufall*.
- Nicht auf Zufall wird es beruhen, wenn präs bei den *aramäischen Texten* durchwegs schwach vertreten ist. Mit der Fügung
pp+אוה+pt verfügt diese Sprache über ein zuverlässiges und
beliebtes Mittel, nicht nur die Gleichzeitigkeit, sondern auch
spezifisch den präsentischen Bezug auszudrücken[1].
    Interessant ist an dieser Stelle eine Gegenprobe, ob nach
dem Urteil von G und L auch in der hebräischen Grammatik eine
Entwicklung zu einer für das Präsens spezifischen nicht-finiten Satzform sich abzeichnet. Als Stichprobe habe ich die
Infinitiv-, Partizipial- und Nominalsätze bei Rut und Ester[2]

---

1 Vgl F. ROSENTHAL, Grammar 55 (Nr. 177).
2 Bei Ester beträgt das Verhältnis der nicht-finiten Sätze zu den Verbalsätzen rund 3:4 (263:359). Auf der Linie dieser Entwicklung müßte hier
  ein Trend zur Spezialisierung der einzelnen nicht-finiten Ausdrucksformen für bestimmte Zeitbezüge noch am ehesten zu beobachten sein.

auf ihre Übersetzung bei G und L aufgelistet. Das Resultat
sieht so aus:

Hebr.:		Infinitivsätze	Partizipialsätze	Nominalsätze
G:	inf	75	3	–
	pt	5	26	1
	nominal	5	14	40
	aor/perf	14	9	3
	impf	5	10	5
	präs	–	*11*	*30*
	conj	3	1	1
	imp	4	2	–
	fut	4	1	2
L:	inf	22	2	3
	pt	4	7	1
	nominal	6	9	8
	perf/plqpf	13	12	7
	cum hist.	5	1	1
	impf	3	24	21
	präs	*2*	*9*	*48*
	conj	62	12	4
	imp	1	–	–
	fut	3	3	–
	gerund	4	–	–
	abl.abs.	5	8	–

Es zeigt sich: bei den Infinitivsätzen ist präs mit 0,8%
vertreten, bei den Partizipialsätzen mit 12,2%. Am deutlich-
sten ist der Präsensbezug bei den Nominalsätzen realisiert,
wo er mit 44,6% mit Abstand den größten Anteil vor allen anderen Übersetzungsmöglichkeiten hat. Da die Aussage hier aber
notwendig auf Sein (und Haben) begrenzt bleibt, ist der Nominalsatz als präsentisches Substitut für den Verbalsatz un-
tauglich, mußte eine sich allenfalls anbahnende Sprachentwicklung sich in einer Sackgasse verlaufen.

Soviel steht fest: Die Übersetzer konnten nach ihrem Verständnis von der hebr. Grammatik einerseits nicht einfach eine
bestimmte nicht-finite Form grundsätzlich als Präsens interpretieren, mußten andererseits aber in bestimmten Fällen
auch finite Verben im Präsens wiedergeben. Beim gänzlichen
Fehlen grammatikalischer Signale müssen dafür von Fall zu

Fall andere Gründe verantwortlich sein.

Die gesamthaft fast gleichmäßige Verteilung dieser Belege
auf die recto- und die obliquo-Seite könnte den Verdacht auf-
kommen lassen, daß es sich hier um Fälle handelt, die irgendwie in einer Grauzone zwischen recto- und obliquo-Funktion angesiedelt sind. Um uns darüber Klarheit zu verschaffen, müssen wir sie beidseitig zu klassifizieren suchen.

a) recto

- Eine große Gruppe von Präsens-Belegen bezieht sich auf
das *Sprechen Jahwes*. Dabei trifft es nur ein einziges Mal das
c-pref ויאמר Jes 3,16, wo G präs, L aber perf übersetzt. Ebenfalls ein einziges Mal steht das Verb דבר Jes 16,14 G präs/
L perf. Von G/L übereinstimmend präsentisch wiedergegeben wird
das x-suff אמר mit Jahwe als Subjekt in 44 Fällen, G aor/L präs
in 13 Fällen, G -/L präs einmal (Jes 22,14). Sämtliche Belege
finden sich bei Jesaja.
- Um diese Linie gleich weiterzuverfolgen: In 22 weiteren Fällen ist bei den präs-Belegen *Jahwe bzw Gott* das Subjekt. Auch
hier wiegt Jes vor neben Dtn 1,21; 12,1 נתן; Ijob 7,18 פקד.
Bei der Wahl von Präsens in den Übersetzungssprachen scheint
hier eine spezifisch *theologische Kategorie* den Ausschlag zu
geben: die Überzeitlichkeit Gottes, die sich nach Auffassung
der Übersetzer am besten mit dem Präsens ausdrücken läßt. Aber
selbstverständlich fehlt es daneben nicht an Belegen, daß Gott
durchaus auch in der Vergangenheit oder Zukunft wirken kann.
- Die *Botenformel* "*so spricht NN*" ist auch dann konsequent
präsentisch wiedergegeben, wenn nicht Jahwe das Subjekt ist:
Jes 36,4.14.16; 37,3.
- Häufig zeigt die präsentische Übersetzung bei *Zustandsver-*

ben bzw *inchoativen Verben*, die einen Zustand einleiten, daß Hebr. wohl mehr die (vergangene) Handlung als solche im Blick hat, während G und L mit präs lieber den gegenwärtigen Zustand signalisieren, zB גבה Jes 55,9; רבב 22,9; קדש 65,5; בוא 30,27; 66,18 uö (ich bin gekommen ≠ bin jetzt da); נדד Ijob 6,13 (ist entschwunden ≠ ist jetzt weg); היה Jes 66,2; Ijob 7,20 (ist geworden ≠ ist jetzt); חלה Jes 33,24 (ich wurde krank ≠ bin es jetzt); ישב Ri 5,16 (du hast dich gesetzt ≠ sitzt jetzt); analog bei Verben, die eine *Gemütsstimmung* bzw einen *Geisteszustand* aussagen, zB אהב Gen 37,4; Rut 4,15; חפץ Jes 1,11 uö; שנא 1,14; אוה 2,6.9; לעע Ijob 6,3; בטח Jes 36,4 uö (hat Vertrauen gefaßt ≠ vertraut jetzt) sowie bei *Verben der geistigen Wahrnehmung*, zB ידע Jes 13,7.14 uö (ihr habt erkannt ≠ kennt jetzt); בין Jes 29,16 (er hat nicht begriffen ≠ versteht nicht). Insgesamt habe ich gegen 50 solcher Fälle registriert.

- Selten sind die Fälle, wo aus dem Kontext[3] erschließbar eine *Handlung in der Gegenwart* geschieht, zB עוד Dtn 4,26: ich bezeuge *heute*. Meist zeigt selbst in diesen Fällen die je andere Übersetzung, daß durchaus eine Handlung in der Vergangenheit verstanden werden kann, zB ידע Jes 40,28 G aor/L präs; היה Jes 10,14 G präs/L perf; אמר Jes 39,3 G präs/L perf. Aber auch dort, wo G/L übereinstimmend präsentisch interpretieren, läßt sich die Handlung durchaus auch als vergangen verstehen, zB נדש, כבד, רחק Jes 29,13, wo entgegen der geläufigen präsentischen Interpretation die Zeitstufe Vergangenheit dem hebr. Text durchaus gerecht werden kann: "Weil dieses Volk sich genaht hat ... geehrt hat, sein Herz aber fern war (recto) ... so füge ich *jetzt* an (pt; Qu: pp+pt).

- Ebenfalls selten ist in der Übersetzung das *uneigentliche Präsens*. Das praesens historicum[4] habe ich nur bei G gefun-

---

3 vor allem bei Fragen und Beispielen.
4 od. praesens pro praeterito, cf SCHWYZER, Grammatik II 271.

den: בוא Ijob 1,18; נגע Est 6,14; רגש Dan 6,16 (aram) sowie
bei drei Fällen von c-pref אמר Ijob 4,1; 6,1; בוא Est 5,5.
Präsens mit futurischer Funktion[5] scheint häufiger vorzuliegen und wird sogleich zur Sprache kommen.

- Es gibt eine ganze Reihe von Fällen, wo die Wahl von Präsens sichtlich eine *Verlegenheitslösung* darstellt[6], weil der
Übersetzer das (Vergangenheits-)Tempus des MT mit seinen eigenen (futurischen) Vorstellungen vom tatsächlichen Sachverhalt
nicht in Übereinstimmung bringen konnte und sich für den Kompromiß Präsens entschied. Da diese Fälle für die biblische
Exegese von besonderem Interesse sind, möchte ich sie einzel
anführen und kurz kommentieren:

α) G präs / L präs

בוא Jes 62,11; 66,18. Nach dem MT ist die Rettung bzw Jahwe schon gekommen. G und L interpretieren endzeitlich und machen den Kompromiß, daß sie statt des von ihnen intendierten
Futurs das inchoative Präsens wählen: er kommt ≠ er wird da-
sein.

β) G präs / L fut bzw perf

נתן Dtn 12,1. Das x-suff sagt aus: Jahwe *hat* das Land gegeben. G findet das offenbar stoßend: hier, am Horeb, geht
es ja vorerst darum, daß das Volk die Bedingungen erfährt,
unter denen es das Land erhalten soll. Deshalb die inchoative Verlegenheitsform: er gibt, damit sie es haben werden,
wenn ... - L denkt realistischer: es dauert noch eine ganze
Weile bis zur Landgabe, also geht er in der von G angedeuteten Richtung noch einen Schritt weiter und wählt in offenem

---

5 od. praesens pro futuro, ebd 273.
6 Wenn die EÜ die hier untersuchten rund 6000 finiten hebr. Verbformen zu
  52,76% mit dem Präsens wiedergibt und daneben auf weite Strecken oft
  nur sporadisch (und nicht immer glücklich) auch noch fut (9,66%), modal (8,87%), imp (2,38%) und Vergangenheitsformen (26,22%) anerkennt,
  so ist das genau die Situation, daß das polyvalente dt. Präsens als Verlegenheitslösung herhalten muß, da das hebr. Verb nach "neuesten wissen-
  schaftlichen Erkenntnissen" ja keine Aussagen über die Zeitstufe macht.

Widerspruch zum MT Futur[7] (vgl aber unten Dtn 1,12). Analog
liegt der Fall bei יסד Jes 54,11, wo die endzeitlich inter-
pretierten Fundamente Jerusalems eben noch nicht gelegt sind
und L gegen den MT futurisch übersetzt.

צוה Jes 13,3; בוא 21,9; נטה 23,11 hält der unter Fremdherr-
schaft in der Diaspora arbeitende G das Strafgericht über die
Völker (Babylon = Rom?) noch nicht für vollendete Tatsache.
L hat aus christlicher Sicht und in der byzantinischen Zeit
schreibend (wer spricht da schon noch von Babylon?) keine Mühe, hebr. recto perfektisch zu übersetzen. Ähnlich liegt ישע
45,17, wo L gegen G die vollzogene Rettung auf die Kirche als
das Neue Israel beziehen kann.

סוג Jes 50,5; נשא und סבל 53,4; גזר 53,8; חפץ 53,10 machen
eine bei G und L unterschiedliche Auffassung vom leidenden
Gottesknecht sichtbar. G scheint ihn auf die für die jüdische
Gegenwart meist zutreffende Notsituation - also präsentisch -
zu beziehen, L hingegen hat mit dem Christusbezug keine Mühe,
gemäß MT ein Faktum in der Vergangenheit anzunehmen. Wir stehen hier und im Folgenden vor einem deutlich außersprachlichen
Abweichungsgrund, der, wollten wir ihm rein linguistisch bei-
kommen, uns notwendig in die Aporie führen müßte.

γ) G perf/L präs

נתן Dtn 1,12. G hat hier im Erzählungszusammenhang offenbar
kein Problem, die Landgabe mit MT als Faktum darzustellen. L
ist zwar anderer Meinung - das Volk steht ja immer noch jenseits des Jordan - wagt aber doch nicht, sich gegen das über-
einstimmende Zeugnis von MT und G durchzusetzen und wählt als
Verlegenheitslösung das inchoative Präsens.

- Das *verallgemeinernde Präsens*[8]. שים Jes 57,1: "keiner nimmt
zu Herzen" (ob aber nicht besser pt zu lesen ist?) führt in

---

7 Zum Problem besonders mit נתן bei Verheißungen vgl Anhang 4 h.
8 "tempusindifferentes Präsens" bei SCHWYZER, Grammatik II 270; "generel-
 les Präsens" bei LAUMANN, Grammatik II 301.

die Nähe des *Consuetiv,* den wir doch rechtens auf der *obliquo-*
Seite angesiedelt haben! Ich habe zwei Fälle gefunden, wo auf
den ersten Blick die Annahme von Consuetiv auch für *recto* gegeben zu sein scheint:

+ פקד (c-pref) Ijob 7,18 G fut/L präs: "du suchst ihn jeden
Morgen heim". Die parallele obliquo-Form בחן (x-pref) gibt
aber G recht, der offenbar anders, als die spätere Vokalisierung (c-pref) festlegt, bei פקד ein *obliques w-pref* gelesen
hat, während L sich in das polyvalente Präsens rettet.

+ לבש; רכב Est 6,8 G präs/L -. Das Präsens von G indikativisch
zu fassen und anzunehmen, daß einer mit den Kleidern bekleidet
werde, die der König (aktuell) anhat, und auf das Pferde gesetzt werde, auf dem der König (aktuell) reitet, ist unsinnig.
Verständlich wäre Präsens hier nur als Consuetiv: "die er für
gewöhnlich anhat, auf dem er zu reiten pflegt". L ist sichtlich in Schwierigkeiten und weicht in den nominalen Ausdruck
aus: vestibus regiis; qui de sella regis est. Die recto-Form
wird aber sofort verständlich, wenn wir sie konsequent als
Vergangenheitsform übersetzen dürfen: "die Kleider, die der
König (schon) angehabt hat, das Pferd, auf dem der König
(schon) geritten ist". *Consuetiv hat also auf der recto-Seite
nichts zu suchen!*

- Natürlich gibt es auch Fälle, wo der Grund für die Wahl von
präs nicht mit genügender Sicherheit zu eruieren ist oder wo
mehrere Gründe zusammenfallen können. Tatsächlich spielt in
jedem Fall ein großes Unsicherheitsmoment mit: mangels eines
kompetenten Informanten, den man von Fall zu Fall aktuell be-
fragen kann, könnte man das Verb aus dem Zusammenhang so oder
so interpretieren, aber zwingend ist es nicht. Es kann durchaus auch Gedankenlosigkeit oder individueller Sprachgebrauch
des betreffenden Übersetzers sein, wenn er in bestimmten Fällen hebr. recto mit dem Präsens wiedergibt. *Ich habe in diesen
Texten keinen einzigen Fall gefunden, wo man die durch recto*

signalisierte idikativische Intention des Verfassers im Deut-
schen nicht auch legitim und mit guten Gründen mit einer Ver-
gangenheitsform wiedergeben könnte, ohne dabei der Aussage
oder unserer Sprache Gewalt anzutun (zB die Botenformel "so
spricht NN" ≠ "so hat NN gesagt" - tatsächlich spricht aktuell
ja der Bote!). Einer Annahme, daß *recto eine indikativische*
Aussage in der Zeitstufe Vergangenheit zum Inhalt hat, steht
von diesen präsentischen Übersetzungen her jedenfalls nichts
im Wege.

b) obliquo

Da es sich hier um formale Abweichungen von der Theorie handelt, muß ich nicht nur die Belege vollzählig erfassen, sondern ändert sich auch die Fragestellung. Wir fragen nicht
mehr nach den Motiven des Übersetzers, sondern des Verfassers: *Was hat ihn bewogen, für eine indikativisch wiedergeb-*
bare Aussage die obliquo-Form zu wählen? Die Antwort ergibt
sich von Fall zu Fall beim Examinieren dieser Belege überraschend leicht:
- In einigen Fällen haben wir es *semantisch* mit Verben des
Könnens, Wünschens, Begehrens (modalisierende Verben) zu tun,
wo das Hebräische in Abweichung von der indogerm. Praxis offenbar auch die Modal*form* bevorzugt: אבה Gen 24,5; יכל 24,50;
Dtn 1,9; Jes 1,13; 29,11; 57,20; Ps 78,20; בקש Gen 37,15; בעה
Jes 21,12; אוה und שחר Jes 26,9; חכה 30,18; דרש, חפץ (2x) und
שאל 58,2; קוה 60,9; שאף und קוה Ijob 7,2. Die Fälle sind sehr
selten, wo der Text sich entschieden gegen eine korrekte Wiedergabe als obliquo (modal oder futurisch) wehrt.
- Daneben gibt es Fälle, wo der modale Bezug *ausdrücklich* in
der Übersetzung signalisiert ist (wobei die Parallelübersetzung dann in der Regel fut oder conj aufweist): נשא Dtn 1,12
non valeo; כצל Jes 44,20 δύναται; שכח Jes 49,15 potest; פעל

Ijob 7,20 δύναμαι; הלך Gen 24,58 vis ire?; שוב Gen 24,5 debeo; שחר Dtn 12,1 debetis; שחת Rut 4,6 debeo. - Auch Fälle
von *umschriebenem Futur* in der Übersetzung sind hier zu erwähnen: קום Jes 40,8 das Wort Gottes steht fest εἰς τὸν αἰῶ-
να, in aeternum; מות Jes 22,13 αὔριον, cras sterben wir; בנה
Jes 25,2 G fut/L: in sempiternum non aedificatur.
- Zahlreich sind die Fälle, wo die modale oder futurische Intention des hebr. Verfassers leicht *aus dem Kontext* erschlos-
sen werden kann[9]. Bei der Modalität des Könnens, Vermögens
stechen besonders jene Aussagen hervor, die als Spott über
die Götzen gedacht sind: "sie können nicht ..." אכל, שמע, ראה
und רוח Dtn 4,28; קרא Jes 40,26; ראה und ידע Jes 44,9; ישע
45,20; ferner יחל und ארך Ijob 6,11; יכח 6,25. - In der Übersetzung mit den Modalverben Wollen, Mögen kombinieren lassen
sich זכר Jes 26,13; נצר 27,3; גדל Ijob 7,17; שוב Rut 1,10;
גאל 4,4; mit Sollen, Müssen הלך Dtn 1,33; אמר Jes 36,7 (potentialis: wenn ihr sagen solltet); הלך Jes 48,17; בוא Ijob
4,5 (da muß es nur ...); mit Dürfen schließlich אכל Dtn 12,22.
Futurisch (oder auch mit Wollen) interpretierbar sind das
eschatologisch-inchoative בוא Jes 5,26; 30,13; 40,10; 49,12;
ferner אכל Dtn 12,17; שפט 1Kön 7,7 (Ersatz für ein finales
ל+inf); יסף Jes 38,5; סבל 46,4; נשא 49,22; עזר 50,9; נוח
63,14; חבש Ijob 5,18; בעת, חחת 7,14; שאב Rut 2,9; שכב 3,4 (wo
er sich hinlegen wird)[10]. Der Divergenz zwischen G und L in
der Auffassung des Gottesknechts begegnen wir auch wieder in
den obliquo-Formen פחח (2x) Jes 53,7, die von G mit präs, von
L einmal mit perf und einmal mit fut wiedergegeben werden.
- Als *Dubitativ* verstehen lassen sich die obliquo-Formen in
den meist vorwurfsvollen rhetorischen Fragen "wieso wollt ihr
denn ...? müßt ihr unbedingt ...? wollt ihr nicht lieber ...?"

---

9 praesens de conatu bei G und L, cf SCHWYZER, Grammatik II 270.
10 Die Frage des Potentialis, die unten im Exkurs 3 ausführlich zur Sprache kommen wird, klammere ich hier vorläufig aus.

(G und L präs:) דכא, טחן Jes 3,15; לאה 7,13; נדע 40,21; עשה
45,9; שקל 55,2; שום Ijob 7,17; עשה 7,19; הלך Rut 1,11; קרא
1,21; (nur G:) בין Ijob 6,30; (nur L:) מצא Ri 5,30 (c-suff);
עמד Gen 24,31; אמר, דבר Jes 40,27; ילד, חיל 45,10; היה 58,5;
שבר 66,9; רפה Ijob 7,19; עבר, נשא 7,21. - Nicht einsichtig
geworden ist mir die obliquo-Form bei der Frage "woher kommst
du?" בוא Ijob 1,7 (G perf/L präs) und 2,2 (beide präs).

- Kaum mehr überraschen können uns die präsentisch interpretierbaren obliquo-Formen an Stellen, die als *Consuetiv* in Frage kommen: (G und L präs:) קרא Dtn 2,11.20; 3,9 (Glosse?);
שרף 12,31; נבט Jes 5,12 (Qu hat suff!); בקש, בחר 40,20; שחה
44,17; 46,6; סגד 44,17; נשא 46,7; מצא, נגש 58,3; צום 58,4;
הגה 59,3; רוץ 59,7; לין 65,4; אמן Ijob 4,18; ילד 5,7; כאב
5,18; כרה, נפל 6,27(?); (nur G:) פוץ Jes 28,25; אמר Ijob 7,4
(c-suff); חפץ, חשב Jes 13,17; זרק 28,25; חבט, בוש 28,27; סגד
44,19; סבל, עמד 46,7; ארג 59,5; אכל Ijob 5,5; (nur L:) נשא Gen
1,31 (ut solet portare); קרא 3,13; בוא, שפט Jes 1,23; קרב 5,8;
סור 5,23; אמר 8,12; (alles, was auch immer); פלל 44,17; שוב
44,19; סגד, שקל 46,6; זכר 48,1; רבה 55,7; עשה 56,2; מהר 59,7;
שום Ijob 4,18; הרג, מות 5,2; צמח 5,6; מחץ 5,18; חשב 6,26; בחן
7,18. Der Consuetiv wird im nächsten Kapitel in einem eigenen
Exkurs ausführlich zur Sprache kommen.

- In engem Zusammenhang mit dem Consuetiv zu sehen sind die
obliquen Formen beim *Vergleich* mit allgemein bekannten und
gültigen Gegebenheiten. Es handelt sich um folgende Belege:
(G und L präs:) חלם Jes 29,8; עוף 60,8 (c-suff); (nur G:) קרב
Jes 26,17; ילד Ijob 5,7; (nur L:) ירד, צמח, בחן Jes 55,10
(c-suff; G interpretiert כאשר konditional); גיל Jes 9,2; רפה
5,24; פרש 25,11; זעק 26,17; שוב, ירד 55,10; צמח, יצא 61,11;
עבר Ijob 6,15.

- Unerklärlich geblieben sind mir אמר Jes 1,11.18; 33,10 (vgl
aber Qu!); 40,1.25; 41,21(2x); 66,9, wo das Sprechen Jahwes
in obliquo ausgedrückt wird, eine modale oder futurische In-

terpretation aber keinen Sinn ergibt. - Textkorruption vermute ich bei צום Jes 58,4 (G liest eine rhetorische Frage);
נבט Jes 5,12 (Qu hat suff) und חלל Jes 52,5 (Qu hat w-suff).

Der Vollständigkeit halber sei auch noch jene Stelle angeführt, wo G mit der Verlegenheitslösung präs offensichtlich
aus dem Zusammenhang harmonisiert: יעק, עוד Jes 15,5 (L hat
korrekt fut übersetzt und damit die wohl nur literarkritisch
zu lösende Spannung im Text erhalten).

c) Zusammenfassung

Für den Ausdruck des aktuell-präsentischen Bezugs stehen
dem Hebr. nicht-finite Satzformen zur Verfügung. Nach Auskunft von G und L zeigt sich aber lediglich bei den Nominalsätzen ein Ansatz zur Spezialisierung, der jedoch wegen der
Beschränkung auf Aussagen über das Existieren bzw Gehören
nicht weiter ausbaufähig war [11].

Bei den *recto-Formen* ist der Verdacht nicht von der Hand
zu weisen, daß der Präsensbezug hier lediglich Interpretament
(bzw Notlösung) der Übersetzer ist, die hebr. Grammatik hingegen diese Formen auf den *indikativischen Ausdruck der Zeitstufe Vergangenheit* spezialisiert hat.

Bei den *obliquo-Formen* liegt die Tatsache eines letztlich
inkorrekten Interpretaments seitens der Übersetzer noch offe-
ner zutage: Effektiv handelt es sich mit verschwindend wenigen Ausnahmen um *modal oder futurisch interpretierbare Aussagen*. Schwierigkeiten für unser Sprachverständnis bietet
lediglich die Beobachtung, daß Hebr. modalisierende Verben
cffenbar auch gern in die Modalform (obliquo) setzt.

---

11 Das moderne Hebräisch hat für die Zeitstufe Präsens konsequent partizipiale Fügungen eingesetzt.

Der Verdacht einer *Grenzverwischung* zwischen recto und obliquo im Präsensbezug hat sich jedenfalls nicht bestätigt.

Im Rahmen der hier vertretenen Tempus-Theorie *unerklärlich* geblieben sind 10 Belege (= 2,65%) von schwerlich anders denn indikativisch interpretierbaren obliquo-Formen: אמר Jes 1,11. 18; 33,10; 40,1.25; 41,21 (2x); 66,9; בוא Ijob 1,7; 2,2. Wir werden unten im Kapitel 10 darauf zurückkommen.

5. Der Sonderfall Imperfekt

Die Problemlage beim Imperfekt ist analog zu der oben beim
Präsens: Spontan weisen wir den Indikativ Imperfekt der recto-
Seite zu. Die hohe Abweichungsziffer zusammen mit den oben
im methodischen Teil gemachten Erfahrungen lassen es aber rat-
sam erscheinen, diese generelle Zuweisung der Kritik zu unter-
ziehen.

Die indikativischen Belege von impf bei G und L sind auf
Tabelle 15 aufgeführt. Die *Kursivzahlen* geben wieder das prozentuale Verhältnis an zu den entsprechenden absoluten Zahlen
von Tabelle 3.

Mit einem Verhältnis von rund 3 : 1 besteht hier doch ein
recht deutlicher Überhang zu recto hin; impf ist auf dieser
Seite also doch ungleich besser zu Hause als oben präs.

Mit aller nur wünschenswerten Deutlichkeit hingegen zeigt
die Tabelle: das im Griech. und Lat. auf die lineare (durative, iterative) Aktionsart festgelegte impf verteilt sich nach
dem Zufallsprinzip mehr oder weniger gleichmäßig auf die
hebr. Verbformen[1]. Das besagt, *daß das Phänomen* Aktionsart
für das Hebräische grammatikalisch irrelevant ist. Andererseits zeigt der beachtliche Anteil an impf bei *c-pref*, daß
die Entwicklung zu einem spezifischen (und per definitionem
punktuellen) Erzähltempus nach Auskunft von G und L hier keineswegs so sicher ist, wie das allgemein angenommen wird.

---

1 Wenn w-suff einen überdurchschnittlich hohen Prozentsatz impf aufweist,
  so kann das auf eine Verzerrung aufgrund der gesamthaft wenig zahlreichen Vorkommen dieser Form zurückzuführen sein. Bei insgesamt 9 Belegen eine Spezialisierung anzunehmen, geht sicher nicht an.

Da sich aus der Tabelle weder in der Horizontalen noch in der Vertikalen[2] bestimmte Gesetzmäßigkeiten ablesen lassen, wird auch hier erst die *Detailuntersuchung* Aufschluß über die Motive dieser Tempuswahl in den Übersetzungen geben können.

a) recto

Da nach unserer Theorie indikativisches Imperfekt auf der recto-Seite durchaus zu Hause ist, können wir uns auch hier wieder mit illustrierenden Beispielen begnügen.

– In über 20 Fällen handelt es sich um das Verb היה, das als Vergangenheitsform *im Griech. notwendig mit impf* (ἦν) wiedergegeben werden muß, falls nicht bewußt fientisch interpretierend ἐγένετο gewählt wird. Wo auch L das impf wählt, handelt es sich um Zustandsschilderungen (zB 1Kön 6,17) bzw um die Exposition zur Erzählung (zB Ijob 1,1; Est 2,5: es war ein Mann ...).

– Das *erzählende impf*[3] finden wir bei בוא Rut 1,7 G: "sie *waren* auf der Reise; dabei sagte ..."; Beispiele bei L sind עלה Gen 24,16; הלך 24,61; שׁנה 37,4 etc.

– *Zustandsschilderungen* sind außerhalb von היה selten. Das Hebr. scheint da doch die partizipialen und nominalen Konstruktionen zu bevorzugen (vgl impf bei nicht-finiten Sätzen oben S. 80). In Frage kommen hier ארך 1Kön 8,8; ישׁב, בוך Est 3,15, sowie vielleicht יכל 1Kön 8,11 (sie waren nicht in der Lage zu ...).

– Häufig ist der *Durativ* als Aussage einer in der Vergangenheit andauernden Handlung, zB שׁוה Jes 38,13 sperabam; אמר Gen 37,19 (sie sagten zueinander = Zwiegespräch), ferner die bei-

---

2 Man beachte vor allem die enorme Divergenz zwischen den beiden aramäischen Texten Esra und Dan!
3 cf SCHWYZER, Grammatik II 275.

den c-pref נגע 1Kön 6,27 "sie berührten" und סכך 8,7 "sie be-
deckten".

- Einen *Iterativ* scheint G zu interpretieren bei כתת Dtn 1,44
"sie verwundeten immer wieder" und bei בוא Jes 31,2. - Auf
die beiden Iterative שלח und קדש Ijob 1,5 werden wir im Zusammenhang mit dem Consuetiv unter obliquo zurückkommen.

- Handlungen in der Vergangenheit *mit fortdauernder Wirkung*
finden wir zB bei בנה 1Kön 6,2; עשה 7,51 (beidemale L); חמד
Jes 1,29 (G).

- *Textkritisch* auf die obliquo-Seite zu verweisen sind folgende zwei Fälle:

+ Das masoretisch als c-pref signalisierte ראה 1Kön 8,8 ließe
sich allenfalls durativ verstehen. Das darauffolgende x-pref
לא יראו macht aber wahrscheinlicher, daß entgegen der mas.
Vokalisierung ein modal zu interpretierendes w-pref zu lesen
ist: "man *konnte* sie sehen ... sie waren nicht sicht*bar*".

+ Notwendig als Consuetiv interpretiert werden müssen die beiden als recto registrierten Formen שלף (o-suff) und נתן (w-
suff) Rut 4,7 ("so war es früher *Brauch*"!). Selbstverständlich ließe sich wegen der Formgleichheit das w-suff auch ohne Weiteres als obliques c-suff lesen, wenn das formal ein-
deutige parallele o-suff das nicht verbieten würde. Daß bei
diesem ursprünglich aber auch ein waw gestanden hat, legt
G nahe, der eine vom Inhalt her ganz unmotivierte Copula einsetzt: ... τὸ στῆσαι πᾶν λόγον, καὶ ὑπελύετο ... καὶ ἐδίδου.
Wir dürfen hier also textkritisch korrigieren und zwei c-suff,
dh zwei für den Consuetiv zuständige obliquo-Formen lesen.

b) obliquo

Bei der Wiedergabe von obliquo-Formen durch indikativisches
Imperfekt handelt es sich um formale Abweichungen von unserer

Theorie. Wir müssen deshalb auch hier die einschlägigen Belege wieder vollumfänglich anführen. Nach den Erfahrungen mit
dem Präsens dürfen wir erwarten, daß es sich auch hier weitgehend um *uneigentliche Abweichungen* handeln wird.

- Die Mehrzahl der Fälle läßt sich mit Leichtigkeit *modal* verstehen (imperfectum de conatu):

+ *Können, Vermögen.* סבב 1Kön 7,15.23 "eine Schnur konnte um-
spannen"; כול 7,26.38 "vermochte zu fassen"; עלה 6,8 "man
konnte hinaufsteigen"; ראה (nif) 8,8 "konnte nicht gesehen
werden"; כסה, עוף Jes 6,2 "sie konnten bedecken, fliegen"
(auffällig ist die Abhebung gegen die iterativen recto-Formen
v13 "sie riefen immer wieder und sprachen"); נשא Jes 30,6 "sie
vermochten zu transportieren, aber es nützte ihnen nichts";
נכר, שמע Ijob 4,16 "ich konnte sein Gesicht nicht sehen, konnte aber hören"; בוא Est 2,14 nec habebat potestatem redeundi.

+ *Wollen.* ישב 1Kön 7,8 MT "wo er sitzen wollte (würde)" (G hat
fut; das durative impf von L in qua sedebatur will nicht so
recht einleuchten, da der Bau ja immer noch erst im Entstehen
begriffen ist).

+ *Sollen, Müssen.* נתן Est 2,13 MT "alles sollte (mußte) ihnen
gegeben werden" (G fut; mit accipiebant weicht L der ihm
sichtlich suspekten obliquo-Form aus).

+ *Dubitativ* in der rhetorischen Frage haben wir bei גור Ri
5,17 MT "warum will es (wohl) wohnen?" (G ἵνα τί παροικεῖ; L
kämpft sich mit durativem impf durch den schwierigen Text).

- Wie zu erwarten begegnen uns auch unter impf zahlreiche
Fälle, die als *Consuetiv* zu sehen sind. Als dies oben im methodischen Teil zum ersten Mal der Fall war, haben wir die
Zuteilung des Consuetivs zur obliquo-Seite mit der Überlegung zu legitimieren versucht, daß es sich beim consuetiven
Realitätsbezug um die *Modalität der Ausweitung* handelt. Die
wichtige Rolle, die der Consuetiv im Rahmen unserer Tempus-
theorie zu spielen beginnt, verlangt, daß wir hier etwas wei-

ter ausholen.

Exkurs 2: Consuetiv

Für unser Sprachempfinden ist es schwer verständlich, daß
die hebr. Grammatik zwischen den für uns nur in Nuancen unter-
scheidbaren Aktionsarten Consuetiv einerseits und Durativ,
Iterativ andererseits dermaßen klar scheiden soll, daß es dafür sogar einen Wechsel zwischen den Grundformen recto und
obliquo für nötig erachtet[4]. Nun bin ich bei den hier erfaßten Texten auf eine Stelle gestoßen, die sich nur erklären
läßt, wenn dies tatsächlich der Fall ist. Es handelt sich um
Ijob 1,4f. Die Stelle zeigt folgende Konstellation:

	MT		G	L
4a	והלכו	c-suff[5] *obliquo*	pt	ibant *impf*
b	ועשו	c-suff *obliquo*	ἐποίουσαν *impf*[6]	faciebant *impf*
c	ושלחו	c-suff *obliquo*	⎫ ⎬ pt	pt
d	וקראו	c-suff *obliquo*	⎭	vocabant *impf*
5a	ויהי	c-pref *recto*	–	–
b	כי הקיפו	x-suff *recto*	ὡς ἂν συνετελέσθησαν *aor*	cum transisset *cum hist*
c	וישלח	c-pref[7] *recto*	ἀπέστελλεν *impf*	mittebat *impf*
d	ויקדש	c-pref *recto*	ἐκαθάριζεν *impf*	sanctificabat *impf*
e	והשכים	w-suff *recto*	pt	pt
f	והעלה	w-suff *recto*	προσέφερεν *impf*	offerebat *impf*

---

4 Hier zeigt sich, daß Hebr. <u>auch</u> zwischen Aktionsarten unterscheiden kann,
  aber nicht in der Weise und in dem Umfang, wie es das Lehrbuch will.

5 waw copulativum hat zu Beginn der Erzählung wenig Sinn, was verbietet,
  hier und im Folgenden die recto-Form w-suff zu lesen.

6 "unklassisches impf" (aor wäre ἐποίησαν), cf SCHWYZER I 666 mit Anm. 3.
  Ich bin für diesen Hinweis Prof. Rössler zu Dank verpflichtet.

7 Wenn der KT hier auch ein w-pref zuließe, so verbietet doch der voraus-
  gehende Nebensatz, ein waw copulativum zu lesen.

g	כי אמר	x-suff	ἔλεγεν	dicebat
		recto	*impf*	*impf*
h	אולי חטאו	x-suff	μήποτε ...	ne forte peccaverint
		recto		*conj*
i	וברכו	w-suff	... ἐνενόησαν	et benedixerint
		recto	*aor*	*conj*
k	ככה יעשה	x-pref	ἐποίει	faciebat
		obliquo	*impf*	*impf*

Die Intention des Verfassers scheint mir deutlich zu sein:
Ohne bestimmten Bezug zu einem konkreten Ereignis (die Erzählung setzt erst v6 mit ויהי היום ein!) beschreibt er vorerst
die Gewohnheit (consuetudo) der Kinder Ijobs: sie pflegten zusammen Feste zu feiern. Für unser Sprachempfinden wäre nun
die Versuchung groß, konsequent im Consuetiv fortzufahren:
Ijob pflegte dann jeweilen - wenn alles zu Ende war - dies
und jenes zu tun und zu sagen ..., worauf 5k als Pleonasmus
sich eigentlich erübrigte. Für Hebr. beginnt aber mit v5 -
durch das einschneidende ויהי klar vom Vorhergehenden abge-
trennt - ein direkter Realitätsbezug: *wenn* alles zu Ende war,
dann jeweils tat er ... und sagte. Der Consuetiv wird hier
zum Iterativ und kehrt erst 5k wieder zurück: So pflegte Ijob
zu tun - alle diese Tage. Der sonst unerklärliche Wechsel von
obliquo zu recto und wieder zurück markiert diese Übergänge
überraschend scharf und zeigt in diesem Fall, daß die hebr.
Grammatik auf die für uns recht belanglose Differenzierung
zwischen direktem Realitätsbezug beim Iterativ und modifizier-
tem bei Consuetiv sehr empfindlich reagiert.

Ob die Masoreten mit ihrer mE korrekten Punktation diese Zu-
sammenhänge noch gewußt haben? Da sie lediglich bei 5(a)cd
Fehlermöglichkeiten hatten, hier aber durch die eindeutigen
x-suff hinreichend festgelegt waren, läßt sich das aufgrund
dieses Textstücks lediglich vermuten. - G und L haben mit dem
in ihrer Sprache für Consuetiv *und* Iterativ gleichermaßen zu-
ständigen impf jedenfalls richtig gegriffen, damit die sehr
reizvolle Gliederung des hebr. Textes aber verwischt. -

Der Ort, wo sich der Consuetiv am besten studieren läßt,
sind die *Sprichwörter*. Hier läßt sich auch für unser Sprachempfinden seine Zuweisung zur obliquo-Seite gut rechtfertigen.

Das Kapitel Spr 10 zB umfaßt 32 zweiteilige Sprichwörter in
folgenden Variationen:

12 mal   x-pref - x-pref

 9 mal   (pt) Nominalsatz - (pt) Nominalsatz

 6 mal   Nominalsatz - x-pref

 7 mal   x-pref - (pt) Nominalsatz

Daß der (partizipiale) Nominalsatz ein geeignetes Mittel
ist, um den consuetiven Bezug auszudrücken, steht außer Frage. Überall dort, wo der finite Ausdruck gewählt ist, steht
obligatorisch[8] die obliquo-Form.

Das Grundschema des zweiteiligen Sprichworts ist: "Wer das
und das tut, erlebt das und das". Wenn wir dem consuetiven
Inhalt der beiden Teilsätze formal Ausdruck geben wollen,
steht uns im Deutschen neben der umständlichen Fügung "pflegen zu" auch das *Futur* zur Verfügung: "Wer das und das tun
wird, wird das und das erleben. Die Situation ändert sich sofort bei der Gegenprobe mit dem Iterativ. "Wenn es 7 Uhr
schlägt, stehe ich auf" läßt sich durchaus iterativ verstehen: "Täglich, wenn es 7 Uhr schlägt ...". Setzen wir diesen
Satz aber versuchsweise ins Futur, so geht der iterative Charakter augenblicklich verloren: "Wenn es 7 Uhr schlagen wird,
werde ich aufstehen". Hier ist nur noch von einem ganz bestimmten Ereignis in der Zukunft die Reden. Auch in unserer
Grammatik ist der Consuetiv also doch viel deutlicher vom

---

8 Den in anderen Kapiteln sporadisch vorkommenden recto-Formen nachzugehen
würde hier zu weit führen. Als Beispiel möge genügen בא קלן ובא זדון
Spr 11,2. Der MT weist hier zwei recto-Formen - ein o-suff (das sich allerdings auch als pt verstehen läßt) und ein c-pref - auf. Die indikativische Interpretation "Als Übermut kam, kam Schande" paßt schlecht ins
Sprichwort-Schema. Der KT läßt aber auch zwangslos die Lesung zu: "Ist
kommend (pt) Übermut, pflegt zu kommen (w-pref) Schande".

Iterativ abgehoben und zu fut hin tendierend, als das auf den ersten Blick den Anschein macht.

Damit ist für den Consuetiv auch nach unserem Sprachempfinden die Brücke zu hebr. obliquo geschlagen: Der indirekte Realitätsbezug des Noch-nicht-Seienden (fut), Sein-Sollenden (mod) und Für-gewöhnlich-so-Seienden (consuetiv) trifft sich für uns zwangslos in der einen und gleichen Fügung werden+inf: "Du wirst finden." - "Du wirst (doch wohl finden!" - "Wer suchen wird, wird finden."

Welche Mühe andererseits G und L mit dem Consuetiv hatten, läßt sich an Ps 78,34ff gut studieren:

34a	אם־הרגם	x-suff	ἀπέκτεινεν	si occidebat
		recto	*aor*	*impf*
b	ודרשוהו	c-suff	ἐξεζήτουν	requirebant
		obliquo	*impf*	*impf*
c	ושבו	c-suff	ἐπέστρεφον	convertebantur
		obliquo	*impf*	*impf*
d	ושחרו	c-suff	ὤρθριζον	consurgebant
		obliquo	*impf*	*impf*
35	ויזכרו	c-pref	ἐμνήσθησαν	recordabantur
		recto	*aor*	*impf*
36a	ויפתוהו	c-pref	ἠπάτησαν	lactaverunt
		recto	*aor*	*perf*
b	יכזבו-x	x-pref	ἐψεύσαντο	mentiti sunt
		obliquo	*aor*	*perf*
37	לא נאמנו	x-suff	ἐπισθώθησαν	permanserunt
		recto	*aor*	*perf*
38a	יכפר-x	x-pref	ἱλάσεται	propitiabitur
		obliquo	*fut*	*fut*
b	לא ישחית	x-pref	οὐ διαφθερεῖ	non disperdet
		obliquo	*fut*	*fut*
c	והרבה	c-pref	πληθυνεῖ	multumque avertit
		obliquo	*fut*	*perf*
d	לא יעיר	x-pref	ἐκκαύσει	non suscitavit
		obliquo	*fut*	*perf*
39a	ויזכר	c-pref	ἐμνήσθη	recordatus est
		recto	*aor*	*perf*
b	ולא ישוב	x-pref	pt	pt
		obliquo		
40a	ימרוהו-x	x-pref	παρεπίκραναν	provocaverunt
		obliquo	*aor*	*perf*
b	יעציבוהו-x	x-pref	παρώργισαν	afflixerunt
		obliquo	*aor*	*perf*

41a	וַיָּשׁוּבוּ	c-pref	ἐπέστρεψαν	conversi sunt
		recto	*aor*	*perf*
b	וַיְנַסּוּ	c-pref	ἐπείρασαν	temptaverunt
		recto	*aor*	*perf*
c	x-הִתְווּ	x-suff	παρώξυναν	concitaverunt
etc		*recto*	*aor*	*perf*

Der MT - und ich sehe keinen Anlaß, an der Korrektheit der
mas. Punktation zu zweifeln - ist zierlich gegliedert: "Wenn
er schlug (und das kam immer wieder einmal vor: recto), pflegten sie zu fragen, umzukehren, zu suchen (obliquo). Dabei er-
innerten sie sich (recto), doch dann täuschten sie ihn (recto)
und pflegten zu lügen (obliquo). Sie hielten nämlich nicht die
Treue (recto)! - Er aber pflegte zu vergeben, nicht auszutil-
gen, weit zu machen, nicht entbrennen zu lassen (obliquo). Er
gedachte nämlich (recto), daß sie Hauch sind (nom), der nicht
zurückkehren kann (obliquo). Wie pflegten sie doch zu trotzen,
ihn zu kränken (obliquo)! - Damals (in der Wüste) wandten sie
sich ab und stellten auf die Probe, reizten ... (recto)."

Den Tempuswechsel in v34 honoriert G mit dem Wechsel vom
Erzähltempus zu impf, während L gleich mit impf einsetzt.
In v35 kehrt G, einen Vers weiter L, zum Erzähltempus zurück,
und beide halten es durch bis v37, indem sie das störende
obliquo 36b geflissentlich übersehen. Mit v38 bringt der Sub-
jektwechsel nun aber eine ganze Sequenz für beide unerklärlicher obliquo-Formen. G stürzt sich mit dem Mut der Verzweif-
lung ins fut, von L zuerst gefolgt, der aber bei der erst-
besten Gelegenheit (als w-suff interpretierbares c-suff 38c)
zum vernünftigen Erzähltempus umschwenkt und dieses künftig
kopfschüttelnd durch alle Wirrnisse des hebr. Tempus hindurch
nicht mehr aufgibt. Mit der recto-Form 39a kann auch G zum
Erzähltempus zurückkehren, ist nun aber des üblen Spiels
sichtlich überdrüssig und läßt sich von den drei folgenden
obliquo-Formen nicht mehr vom Konzept abbringen, daß es sich
hier doch um eine Erzählung geschichtlicher Ereignisse hand-

le. - Beide haben obliquo in der Funktion von Consuetiv nicht
verstanden. -

Mit der richtigen Identifizierung des Consuetiv und seiner
sprach-logischen Zuweisung im Hebr. zur modal-futurischen obliquo-Seite dürfte einer der lästigsten Stolpersteine auf dem
Weg zu einer schlüssigen Tempus-Theorie für das biblische Hebräisch weggeräumt sein.   (Ende von Exkurs 2)

- Damit zurück zu den als *Consuetiv* interpretierbaren obliquo-Formen: הלך, עכס Jes 3,16 "die Töchter Zions pflegten
zu ..."; L geht hier von perf zu impf über ohne anderen ersichtlichen Grund als daß im MT ein Wechsel von c-pref zu
x-pref stattfindet. דרש, שוב, שחר Ps 78,34 "sie pflegten zu
fragen, umzukehren, zu suchen". כרע, שחה Est 3,2 "er pflegte
nicht niederzufallen und zu huldigen".
- Schwieriger zu erklären sind folgende Stellen:
שכן Ri 5,17. Der Parallelismus zur recto-Form ישב ist stoßend.
Liest man dieses aber als x-pref יֵשֵׁב, so haben wir hier die
Fortsetzung der rhetorischen Frage למה יגור.
ידע Jes 55,5. Möglich ist die Übersetzung: "einem Volk, das
du nicht kennen wirst, wirst du begegnen (nicht: wirst du ru-
fen)".
בכה Ps 78,64. G hat hier fut, was sich vom Inhalt her jedenfalls besser rechtfertigen läßt als das passive impf von L.
Aber der Text scheint hier doch gestört zu sein.

c) Zusammenfassung

Nach unserer Theorie ist der Indikativ Imperfekt durchaus
richtig in der Wiedergabe von hebr. recto-Formen. Für die im
Griech. und Lat. mit dem impf verbundene durative bzw iterative Aktionsart wählt Hebr. frei zwischen den verschiedenen re-

cto-Formen, sofern es nicht - besonders bei Zustandsschilderungen - nicht-finite Ausdrucksformen bevorzugt.

Die als formale Abweichungen in Erscheinung tretenden impf-
Belege lassen sich entweder modal oder dubitativ verstehen,
sofern es sich nicht um den von der hebräischen Grammatik
überraschend scharf gegen den Iterativ abgehobenen *Consuetiv*
handelt, der - das darf als gesichert gelten - rechtens auf
die obliquo-Seite gehört. Daß diese Tatsache nie richtig gesehen und verstanden wurde, hat sowohl bei den Übersetzungen
wie auch bei der Suche nach einer schlüssigen Tempus-Theorie
des biblischen Hebräisch zu vielen Schwierigkeiten und Miß-
verständnissen geführt.

6. Die Verteilung der Abweichungen

Hier geht es vorderhand um die *formalen* Abweichungen von
der Theorie. Nach Ausscheiden der Sonderfälle Präsens und
Imperfekt verbleiben als formale Abweichungen jene Belege,
wo in mindestens einer der beiden Übersetzungen G und L für
recto die Verbformen conj, opt, imp oder fut, für *obliquo* hingegen aor, perf, plqpf oder cum hist. steht. Die Scheidung
in eigentliche und uneigentliche Abweichungen wird dann in
den Kapiteln 7 - 9 erfolgen.

Wenn wir damit die Entsprechungen zu unserer Theorie verlassen, so soll damit nicht präjudiziert werden, daß dort
alles so in bester Ordnung ist, wie es formal den Anschein
macht. Das Phänomen der uneigentlichen Abweichungen läßt jedenfalls die Vermutung zu, daß es auf der anderen Seite auch
uneigentliche Entsprechungen geben könnte. Da diese Fälle
hier theoretisch wohl miterfaßt sind, glaubte ich, mir eine
Arbeit ersparen zu können, die zwar noch interessante Einzel-
beobachtungen, aber kaum mehr neue Einsichten beizubringen
vermag. Ich möchte aber festhalten, daß dies eine Lücke im
(sowieso nur grobkörnig schlüssigen) statistischen Beweisgang ist.

Bei geringfügigen Differenzen im Zahlenmaterial zwischen
den Tabellen 4-13 und der Tabelle 16 (vgl das oben zu den
Arbeitsfehlern Gesagte) sind die hier angegebenen Werte zu-
verlässiger.

Auf Tabelle 16 ist jeweils die Summe aller Abweichungen -
ohne präs und impf - aufgeführt, ununterschieden, ob sie sich
bei G und L gemeinsam oder nur bei einer der beiden Übersetzun-

gen allein finden. Die *Kursivzahlen* geben das prozentuale Verhältnis zu den entsprechenden absoluten Werten von Tabelle 3
an.

Zur Tabelle folgende Bemerkungen:

- Daß die Abweichungen im Durchschnitt fast genau die Tole-
ranzgrenze von 10% erreichen, ist Zufall. Ebenso zufällig
wird es sein, daß die Differenz zwischen der recto- und der
obliquo-Seite gesamthaft nur etwa ein halbes Prozent beträgt.

- Wäre bei der Bearbeitung des Belegmaterials ein grundsätzlicher theoretischer oder methodischer Fehler unterlaufen, so
müßten die Abweichungen wenigstens in der Vertikalen annähernd
gleichmäßig verteilt sein. Die zwischen 0 und 50% liegenden
Schwankungen zeigen aber mit aller Deutlichkeit, daß dem nicht
so ist, daß wir eher mit literarischen Ursachen, dh mehr oder
weniger "störanfälligen"[1] Texten zu rechnen haben. Die von
Text zu Text zT recht beträchtlichen Schwankungen zwischen
der recto- und der obliquo-Seite läßt sich ferner nur erklären, wenn für die formalen Abweichungen mehrere Ursachen verantwortlich sind, die von Fall zu Fall unterschiedlich aktiv
werden.

- Wenn in der Horizontalen c-suff/w-suff gegenüber c-pref/w-
pref bedeutend niedrigere Werte aufweisen, so kann das nicht
mehr überraschen. Es ist die hier bei Formgleichheit notwendig von mir getroffene Vorentscheidung, die sich auswirkt[2],
während ich mich für c-pref/w-pref selbst bei offensichtli-

---

1 Ich setze den Ausdruck in Anführungszeichen, da erst das Ausscheiden
  der uneigentlichen Abweichungen ein sicheres Urteil erlaubt.
2 Wenn hier trotz dieser Vorentscheidung noch Abweichungen übriggeblieben sind, so deshalb, weil die Entscheidung, ob c-suff oder w-suff zu
  lesen ist, halt doch nicht willkürlich erfolgen darf. Meist ist es so,
  daß die Lesart durch den Kontext und hier insbesondere durch parallel
  konstruierte, eindeutig identifizierbare x- bzw o-Formen festgelegt
  ist. Es ist der gleiche Vorgang, wie er sich vor der inneren Grammatik eines kompetenten Lesers abgespielt haben muß, der die waw-Formen
  auch nur auf diesem Weg richtig zuteilen konnte. Im Zweifelsfall habe
  ich mich konsequent an die Entscheidung von G gehalten.

chen Fehlentscheidungen der Masoreten konsequent an den MT
gehalten habe.

- Die beiden x-Formen als zahlenmäßig bedeutendste Einheiten
halten sich mit ihren Abweichungen nahe beim Durchschnitt auf,
während die beiden o-Formen als poetische und wenig gebräuch-
liche Formen deutlich höher liegen.

- Bei den aramäischen Texten bleiben die Abweichungen deutlich unter dem Durchschnitt, liegen aber immer noch höher als
bei leichten hebräischen Texten. Das mag davor warnen, auf
der Ebene der formalen Abweichungen schon Schlüsse auf die
Sprachkompetenz der Übersetzer zu ziehen.

7. Die aramäischen Texte

Bevor wir die aramäischen Texte, deren Dienste als Ver-
gleichsmaterial wir künftig nicht mehr benötigen, nun verlassen, wollen wir doch wenigstens einen kurzen Blick auf
die dort vorkommenden formalen Abweichungen werfen.

Die 14 formalen Abweichungen auf der recto-Seite finden
sich ausnahmslos nur bei L. In allen Fällen sind es *uneigent-*
liche Abweichungen, wo L unter *eigensprachlichem Zwang* den
conj wählen muß: Dan 3,27 (4x), 7,11f (5x) steht anstelle
des klassischen a c i die Fügung quoniam + conj plqpf. - ידע
Dan 5,22 wählt L zur Wiedergabe von כל קבל די das cum adversativum mit obligatorischem conj, und שכח Dan 6,5 (L 6,4)
muß als Spezialität des Lat. nach eo quod der conj der fremden Meinung stehen. - רבה Dan 4,30, ידע 5,21 und שלט 6,25
betont L die finale Funktion von עד די[1] und ist bei innerer
Abhängigkeit an den Konjunktiv gebunden.

Auf der obliquo-Seite greifen wir nur die 9 Fälle heraus,
wo G und L *übereinstimmend* mit aor bzw perf übersetzen. שכח
Dan 7,28 dürfte ein Kopierfehler sein: statt des א in der un-
gewohnten Itpa'el-Form hat ein Abschreiber als Dittographie

---

1 Bezieht sich der mit עד די eingeleitete Temporalsatz (a) auf ein im
  Augenblick der Erzählung bereits real geschehenes Ereignis ("bis das
  und das geschah"), so haben wir die Kombination: aram x-suff - G aor -
  L perf (גזר Dan 2,34; מרט 7,4; רמא 7,9; אתא 7,22). - Wo das Ereignis (b)
  noch aussteht ("bis das und das geschehen würde"): aram x-pref - G aor
  conj - L präs conj (שנא Dan 2,9; חלף 4,20; ידע 4,22.29). - In den drei
  hier zur Debatte stehenden Fällen ist die Kombination: aram x-suff -
  G aor - L impf conj, dh G interpretiert den Fall (a), L hingegen durchaus legitim final das in der Vergangenheit angestrebte, inzwischen
  aber erreichte Ergebnis: "damit das und das geschehen sollte".

ein yod eingesetzt.

Mit voller Rechtfertigung modal zu verstehen sind אכל und
צוע Dan 4,30 sowie צוע 5,21: "er *mußte* Gras essen (vgl EÜ)
und sich vom Tau benetzen lassen". Ebenfalls aus Mißverständ-
nis eliminiert haben die Übersetzer eine reizvolle Nuance bei
מטא Dan 4,17 (4,18G: pt). Für den theologisch geschulten Autor
war es klar: der Baum konnte den Himmel (= Gott) überhaupt
nicht erreichen, *wollte* das aber. Die Übersetzer haben das
Bild naturalistisch verstanden: der Baum *reichte* bis zum Himmel.

ותחת Esra 6,5 gibt jedenfalls nicht das erforderte 3 m sg
her, sodaß die Annahme einer Textkorruption unumgänglich ist.
Falls G und L nicht eine andere Vorlage hatten, haben sie vom
Kontext her sinngemäß interpoliert.

Nicht ganz eindeutig, aber gegen die Übersetzer durchaus
auch modal erklärbar sind תוב Dan 4,31 und 4,32 (2x): "der
Verstand *konnte* zurückkehren"[2] , sowie ידע Dan 4,16: "er *vermochte* zu erklären". Es sind also lediglich diese Fälle[3] , wo
die modal-Funktion von aram. obliquo ernstlich in Frage gestellt werden kann.

Das möge genügen, um zu zeigen, daß unsere Theorie von
der Tempuslehre sich auf die aramäischen Texte wohl noch weit
besser anwenden läßt, als die Tabelle das ohnehin schon suggeriert.

---

2 F. ROSENTHAL, Grammar 55 (Nr 178) nimmt hier eine ältere, nur noch in
  Spuren vorhandene syntaktische Funktion des pref als Ausdruck der
  Gleichzeitigkeit an.
3 Das sind gesamthaft 0,5%.

8. Die Abweichungen auf der recto-Seite

Im Konsonantentext, der G und L als Vorlage gedient hat,
besteht *Formgleichheit* zwischen c-pref und w-pref einerseits, c-suff und w-suff andererseits, dh recto und obliquo
lassen sich in diesen Fällen formal nicht unterscheiden. Das
hat zur Folge, daß wir es uns ersparen können, den Abweichungen bei c- und w-Formen detailliert nachzugehen. Summarisch[1]
können wir in jedem Fall davon ausgehen, daß der betreffen-
de Übersetzer die je der Theorie entsprechende recto- bzw
obliquo-Form gelesen hat. Wenn von Fall zu Fall sicher auch
andere Gründe für die Abweichung vorliegen mögen, so können
wir uns hier doch auf die *formal eindeutig festgelegten x-
und o-Formen* beschränken mit der Erwartung, daß wir anhand
dieser zahlenmäßig immer noch überwiegenden Anzahl von Fällen eine repräsentative Durchsicht durch die Problematik der
Abweichungen gewinnen werden.

a) Futur bei hebr. recto

α) G fut / L fut
Wir beginnen mit den gröbsten Verstößen gegen unsere Theorie. Die Abweichungen finden sich alle bei Jes (25) und Ijob
2 - 7 (2).
- *Textkritisch* ausscheiden lassen sich יﬡﬧ Jes 25,23 (Qu hat

---

1 In der praktischen Übersetzungsarbeit bietete diese Formgleichheit wenig Probleme, da die Zuweisung sich aus dem Kontext meist leicht ergibt.

pref) und שפט 66,16 (Qu: יבוא לשפט). - Bei בוא, עבר Jes 10,28
sowie פחח 5,27 und לחם (nif) 30,32 läßt der KT auch die Lesung
von Partizipien zu, die von G und L mit dem Kontext harmonisiert worden sind. יצא Jes 45,23 hingegen läßt sich im KT auch
als pref lesen. - הדה Jes 11,8 und חזז 18,5 sind als Hapaxle-
gomena korruptionsverdächtig. - Bei יצא Jes 65,18 schlägt BHS
gestützt auf GLST ein pref vor.

- Als *eigentliche Abweichungen* bleiben also folgende Belege
übrig: קדש Jes 5,16. Der ganze Vers ist auch inhaltlich als
Einschub im futurischen Kontext literarkritisch verdächtig.
Die Spannung in der Tempuswahl mußte von G und L notgedrungen
harmonisiert werden. - שמח Jes 9,2. G scheint aus ideologischen Gründen unvermittelt zu fut überzuwechseln: die große
Freude steht erst noch bevor! L hat sich dem angeschlossen:
auch mit Christus ist der Zustand der Glückseligkeit noch
längst nicht eingetroffen. - היה Jes 14,24. Der Satz läßt sich
entsprechend dem MT durchaus indikativisch verstehen: "so wie
ich es gedacht habe, so ist es geschehen". - סור Jes 18,5.
Die recto-Form ist im futurischen Kontext schwer verständlich. Ob es sich um eine textfremde Glosse handelt? - אמל Jes
19,8. Das Verb ist nur in der suff-Form von Pul'al belegt. -
מלא, שית Jes 22,7. Die Sequenz beginnt in der Texttradition
von Qu mit והיה. Das scheint ein Verschrieb zu sein, und MT
dürfte mit ויהי den richtigen Text haben. Jedenfalls ist dieses והיה der einzige ersichtliche Grund, wieso G (mit L im
Gefolge) die recto-Formen 7f futurisch übersetzt und erst bei
9a (L bei 9b) zum Erzähltempus zurückfindet. - אכל, תרה Jes
24,6. Futurische Interpretation ist inhaltlich möglich, aber
nicht zwingend. - פרר, רעע Jes 24,19. MT schildert die Ent-
fesselung der Naturgewalten ab פתח v18 bis und mit נפל v20 in
recto-Formen. Begünstigt durch die im KT formal nicht festgelegten waw-Formen c-pref und w-suff interpretieren G und L
futurisch als endzeitliches Bild. - שפל, נגע Jes 25,12. Auch

hier ist der Verdacht einer textfremden Glosse berechtigt. -
צהל Jes 24,14. Der Satz dürfte zum perfektischen 15f gehören,
ist von G und L (und MT, vgl aber die Korrektur im App der
BHS!) irrtümlich an die futurische Sequenz 13f angeschlossen
worden. - צעק Jes 33,7. Das parallele x-pref בכה läßt eine
Textverderbnis nicht ausgeschlossen erscheinen. - חלק Jes 33,
23 (BHS schlägt יחלק vor). Da אז besonders vor obliquo-Formen häufig für Verwirrung sorgt, werde ich das Tempusverhalten
dieser Partikel unten im Anhang 4 umfänglich untersuchen. בזז
im gleichen Vers steht unter Folgezwang[2]. - רעב Jes 44,12.
G und L haben sichtlich Mühe, diesen den Zusammenhang spren-
genden, wohl textfremden Einschub unterzubringen. - נחם Jes
51,3. G hat fälschlicherweise (oder aufgrund anderer Vorlage?) 1 sg. L paßt sich G im Tempus, nicht aber in der Person
an. - מלך Jes 52,7. Gegen den MT (Jahwe ist König geworden)
interpretieren G und L aus ideologischen Gründen futurisch. -
פדה Ijob 5,20; שלם 5,23. Hier haben G und L die für sie unverständlichen recto-Formen dem futurischen Kontext anglei-
chen müssen.

β) fut nur bei G
- Als *uneigentliche* Abweichung erweist sich לאה Jes 1,14:
נלאתי נשא ist inhaltlich identisch mit οὐκέτι ἀνήσω.
- *Textkritisch* zu bereinigen sind נוח Jes 28,2; היה 33,9;
רגע 34,14; הלך 45,16, wo Qu jeweils eine obliquo-Form aufweist (L hatte hier offenbar eine unserem MT näher stehende
Rezension zur Vorlage).
- Im KT identisch mit der obliquo-Form sind die Fälle יצא Jes
32,7; 51,5; יכל (defective) Jes 46,2. - Ein Partizip im KT
vermute ich bei בער Jes 9,17.

---

2 Ich bezeichne mit Folgezwang jene Fälle, wo der Übersetzer eine Verbform falsch interpretiert hat und dann notwendig parallel konstruierte Verben mit dem gleichen (falschen) Tempus wiedergeben mußte.

- Einen interessanten *eigensprachlichen Zwang* für G finde ich
bei רחץ Jes 4,4; הלך 24,23; הגה 27,8, wo L fut II hat, Hebr.
für das vollendete Futur die recto-Form einsetzt[3], G aber,
da die griechische Grammatik über keine fut II-Form verfügt,
einfaches fut wählen muß.

- So verbleiben folgende *eigentliche Abweichungen* (den einzigen Fall außerhalb des Jesja-Buches stelle ich an den Anfang): עשה Est 5,4. G harmonisiert hier mit dem x-pref der
zweiten Einladung v8, während L die Spannung erhält und korrekt mit perf übersetzt. - Durch die Übersetzung von L als
durchaus perfektisch interpretierbar ausgewiesen sind sämtliche hier anfallenden weiteren Belege, sodaß ich mich ohne
weiteren Kommentar[4] mit deren Aufzählung begnügen kann: נגה
Jes 9,1; שסה ,אסף ,עבר ,חרד 10,13f; נוס 10,29; שלך 14,19;
אנח ,אמל ,אבל 24,7; מלא ,היה ,כלה ,רבש 15,6; 15,9; אמל 16,8;
סגר 24,10; שאר 24,12; סתר 28,15; נטש ,אזב ,היה 32,14; שמם
33,8; אחז 33,14; נגד 41,26; עזב ,עשה 42,16; שלח 43,14; גאל
44,22; בוש ,כלם 45,16; יכל 46,2; בוא 47,9; שרף 47,14; היה
47,15; נזל 48,21; היה 49,5; כסה 51,16; חשף 52,10; שמע 52,14;
ראה ,בין 52,15; רחם 54,8; כשל 59,10; פגע 64,4; פתר ,שכח 65,16.

γ) fut bei L allein

- Mit Qu *textkritisch* in c-suff korrigieren lassen sich דלל,
קמל ,נדף Jes 19,6f. Ebenfalls c-suff schlägt BHS bei דעך Ijob

---

3 Weitere analoge Fälle von fut II (nach L) sind ראה Jes 16,12; כלה 24,13;
  שוה 28,25; (gegen L:) דבר Gen 24,33. Vgl aber die Einschränkung, die
  sich unten im Anhang 4 i zeigen wird.
4 Bemerkenswert ist die Häufung der futurischen Abweichungen von G im Deu-
  tero-Jesaja 40 - 55. Hier ist die ideologische Vorentscheidung beim Übersetzer oft fast mit Händen zu greifen: Der jüdische Übersetzer wollte -
  oft vielleicht gegen besseres Wissen - in diesem Trostbuch Aussage über
  eine bevorstehende große Heilszeit lesen, der christliche von L hingegen mochte seinen jüdischen Zeitgenossen nicht ohne Genüßlichkeit anhand ihrer eigenen hebr. Bibel vorgerechnet haben, daß die Heilszeit
  schon eingetroffen, von ihnen selbst aber abgelehnt worden war; vgl zB
  Jes 42,16 אלה הדברים עשיתם; G: ταῦτα τὰ ῥήματα ποιήσω; L: Haec verba
  feci eis.

6,17 sowie נוס Jes 51,11 (cf 35,10) vor. - Textlich unsicher
ist אמר Jes 45,24. G übersetzt partizipial, Qu hat לי יאמר,
während BHS לאמר vorschlägt. - יעץ Jes 32,8 kann im KT auch
als pref gelesen werden.

- An *eigentlichen Abweichungen* verbleiben folgende Fälle: דבר
Gen 24,33 ist deutliches fut II: "ich werde nicht essen, bis
ich gesagt haben werde"; L übersetzt ungenau mit fut. - נתן
Dtn 12,1: G präs/L daturus est. Die Stelle kam oben bei den
präs-Fällen schon zur Sprache. - מוט Jes 24,19; שחח 25,12;
כסה 29,10. G läßt diese Verben unübersetzt, L hingegen steht
unter Folgezwang. - Bei allen weiteren Fällen übersetzt G mit
aor, sodaß wir uns wieder mit dem Aufweis der Stellen begnügen
können: ראה Jes 22,9; בלע 25,8; שחח 26,5; הלך 46,2 (schwieriger Text); נחם 51,3[5]; מלח 51,6; עשה 57,16 (L ist mit dem nackten Relativsatz sichtlich nicht zurechtgekommen); נוס Ijob
4,21; כחד 6,10. - פרש Jes 33,23. Das Verb wird durch die Negation בל verneint. Auch diese Partikel wird unten im Anhang
4 systematisch untersucht werden.

δ) G fut / L impf conj

Bei ירד, נצל Jes 63,19; ילד Rut 1,2 liegt *Irrealis* vor. Wie
sich gleich zeigen wird, handelt es sich dabei um *uneigentli-*
che Abweichungen.

Exkurs 3: Irrealis und Potentialis

Vor allem mit Hilfe der Wunschpartikel לוא etc habe ich folgende Fälle von Irrealis herausgesucht:

Gen 31,42	לולה היה	x-suff	wäre nicht ...
	x-שלחתני	x-suff	hättest du weggeschickt
Gen 43,10	לולא התמהמהנו	x-suff	hätten wir nicht gezögert
	x-שבנו	x-suff	könnten wir zurücksein
Num 14,2	לו מתנו	x-suff	wären wir ...
	לו מתנו	x-suff	... gestorben

---

5 Hier, wo es um das göttliche Erbarmen mit den Trümmern Zions (= Juden-
tum) geht, erlaubt sich L, den MT zu korrigieren und das Ereignis doch
lieber endzeitlich in die Zukunft zu verlegen.

Num 20,3	ולו גוענו	x-suff	wären wir doch umgekommen!
Dtn 32,29	לו חכמו	x-suff	wären sie doch klug ...
	x-ישכילו	*x-pref*	... so begriffen sie
	x-יבינו	*x-pref*	und verstünden
Jos 7,7	ולו הואלנו	x-suff	hätten wir uns doch entschlossen
	ונשב	c-pref	... zu bleiben
Ri 8,19	לו החיתם	x-suff	hättet ihr sie am Leben gelassen
	לא הרגתי	x-suff	würde ich euch nicht töten
Ri 13,23	לו חפץ	x-suff	wenn er hätte wollen
	לא לקח	x-suff	er hätte nicht angenommen
	ולא הראנו	x-suff	er hätte nicht sehen ...
	לא השמיענו	x-suff	... und hören lassen
Ri 14,18	לולא חרשתם	x-suff	hättet ihr nicht gepflügt
	לא מצאתם	x-suff	ihr hättet nicht erraten
1Sam 14,30	לוא אכל	x-suff	hätte er gegessen
	לא רבתה	x-suff	wäre größer geworden
1Sam 25,34	לולי מהרת	x-suff	wärest du nicht schnell ...
	ותבאי	c-pref	... entgegengekommen
	x-נותר	x-suff	wäre übrig gewesen
2Sam 2,27	לולא דברת	x-suff	wenn du gesagt hättest
	x-נעלה	x-suff	sie hätte aufgehört
Jes 1,9	לולי הותיר	x-suff	hätte er nicht übriggelassen
	x-היינו	x-suff	wir wären geworden
	x-דמינו	x-suff	wir glichen
Jes 48,18	לוא הקשבת	x-suff	hättest du geachtet
	ויהי	c-pref	es wäre
19	ויהי	c-pref	sie wären
	לא יכרת	*x-pref*	er würde nicht getilgt ...
	ולא ישמד	*x-pref*	... und gelöscht werden
Jes 63,19	היינו	o-suff	uns geht es ...
	לא משלת	x-suff	als wärest du nicht gewesen,
	לא נקרא	x-suff	als wären wir nicht benannt worden
	לוא קרעת	x-suff	hättest du doch aufgerissen
	ירדת	o-suff	wärest du herabgekommen
	x-נזלו	x-suff	sodaß sie gezittert hätten
Ps 106,23	לולי עמד	x-suff	wäre er nicht eingesprungen
Ps 124,1f	לולי...שהיה	x-suff	wäre er nicht gewesen
3	אזי בלעונו	x-suff	sie hätten uns verschlungen
4	אזי שטפונו	x-suff	sie hätten uns weggespült
	x-עבר	x-suff	sie hätten sich ergossen
5	אזי עבר	x-suff	sie hätten sich ergossen
Ijob 3,13	x-שכבתי	x-suff	still läge ich
	ואשקוט	*w-pref*[6]	und könnte rasten
	ישבתי	o-suff	entschlafen wäre ich
	אז ינוח	*x-pref*	und hätte Ruhe
Rut 1,12	x-הייתי	x-suff	wenn ich gehörte
	x-ילדתי	x-suff	und Söhne bekäme

---

6 BHS schlägt c-pref vor.

Est 7,4   נמכרנו-x x-suff man hat verkauft
         ואלו ... נמכרנו x-suff hätte man verkauft
              החרשתי-x x-suff ich hätte nichts gesagt

Es zeigt sich, daß im Hebr. praktisch durchgehend recto-
Formen stehen. Auf die Ausnahmen Dtn 32,29, Jes 48,19 und
Ijob 3,13 werden wir gleich zurückkommen.

Nun ist לוא etc aber auch mit nachfolgendem pref belegt. Es
handelt sich um folgende Fälle:

Gen 17,18   לו יחיה   möge er doch leben
    30,34   לו יהי   es geschehe nach deinem Wort
    50,15   לו ישטמנו   wenn er nur nicht verfolgt!
Dtn 32,27   לולי אגור   EÜ: müßte ich nicht angreifen?
Ez 14,15   לו אעביר   angenommen ich würde loslassen
Ijob 6,2   לו ישקל   daß doch gewogen würde!

Der Unterschied zu den Fällen mit recto ist offensichtlich:
bei obliquo handelt es sich um erfüllbare Wünsche oder zwei-
felnde Fragen, also um den *Potentialis*.

Dieser Befund wird umgekehrt bestätigt und ergänzt durch die
Untersuchung des eindeutig potentialen אולי. In 33 von den
35 Fällen, wo diese Partikel belegt ist, wird sie von einer
pref-Form gefolgt. Bei den beiden recto-Belegen Num 22,33 und
Ijob 1,5 handelt es sich um den *Potentialis der Vergangenheit*,
der offenbar auch in der hebräischen Grammatik mit dem Irrealis weitgehend identisch gesehen wird[7].

Von da her lassen sich die oben genannten Abweichungen aufschlüsseln:
- Dtn 32,29. Der einzige echte Irrealis ist hier חכמ (recto):
"Wären sie klug - sie sind es aber nicht; aber angenommen,
sie wären klug, *dann könnten* sie begreifen und verstehen."
Hier wechselt der Irrealis zum Potentialis, im Hebr. recto zu
obliquo!
- Jes 48,18f. Auch hier ist der Übergang von Irrealis zu Potentialis für unser Sprachverständnis zwar subtil, aber immer

---

7 Ein gutes Beispiel für diese formale Identität von Irrealis und Potentialis der Vergangenheit ist Ps 124,1-5 (oben S. 111).

noch nachvollziehbar: "hättest du geachtet (du hast aber
nicht = irr), deine Nachkommen wären zahlreich (sind es aber
nicht = irr), dein[8] Name würde nicht getilgt und gelöscht werden (er ist es noch nicht, kann es aber werden = pot)".
- Anders liegt der Fall bei Ijob 3,13. שקט muß mit dem paral-
lelen שכב irreal verstanden werden und ist auch ohne Weiteres (wie BHS vorschlägt) in c-pref zu korrigieren. אז ינוח
ließe sich allenfalls potential verstehen: "dann, wenn alles
trotzdem eintreffen sollte, *könnte* ich ruhen". Der darauffolgende, bei verbaler Fassung schlecht verständliche Dativ לי
regt aber zum Weiterdenken an und macht eine *nominale Kon-*
struktion wahrscheinlicher: אז[9] נוח לי "dann wäre mir Ruhe".

Der Wechsel zwischen Irrealis und Potentialis oben bei Dtn
32,29 und Jes 48,18f mag für unser Sprachverständnis kaum
über Nuancen hinausgehen, die sich ruhig vernachlässigen lassen. Für Hebr. ist er aber offenbar so einschneidend, daß
ein Wechsel zwischen recto und obliquo stattfindet.

Wie verträgt sich nun aber die Tatsache, daß die hebr. Grammatik für den Ausdruck des Irrealis die *recto*-Form wählt (und
dabei nicht einmal vor dem gern als Narrativ qualifizierten
c-pref Halt macht!) mit der hier vertretenen Theorie von der
Funktion der recto- und obliquo-Formen? Nach unserer Sprach-
theorie und unserem Sprachverständnis besteht doch gerade bei
Irrealis das "gestörteste" Verhältnis zur Realität! Das zeigt
sich nicht zuletzt darin, daß sich trotz aller verflachenden
Tendenzen in der deutschen Umgangssprache der Konjunktiv beim
Irrealis mit aller Zähigkeit behauptet hat. Der Potentialis
(zB "ich wünsche, daß er käme") läßt sich durchaus korrekt
auch mit dem Indikativ ausdrücken ("ich wünsche, daß er
kommt"). Anders der Irrealis. "Käme er - er kommt aber nicht -
so ..." wehrt sich mit aller Kraft gegen den Indikativ. "Kommt

---

8 Mit G korrigiere ich zu 2 sg, da 3 sg keinen Sinn ergibt.
9 Zur Verschiebung des י vgl die Überlegungen zu אז im Anhang 4 e.

er, so ..." wird sofort als Potentialis verstanden: "es ist
möglich und zu erwarten, daß er kommen wird". - Wenn irgend-
wo, dann würden wir jedenfalls spontan beim Irrealis die obliquo-Form erwarten.

Da es uns hier um induktives Erfassen sprachlicher Gesetzmäßigkeiten geht und weniger um deren sprachphilosophische
und sprachgeschichtliche Durchdringung, muß uns hier die Feststellung grundsätzlich genügen: Entgegen unseren Erwartungen
wählt die hebräische Grammatik für den Ausdruck des Irrealis
konsequent die recto-Formen. Wenn ich nun im Folgenden darüberhinaus versuche, eine Verständnisbrücke zu schaffen, so
lediglich, um zu begründen, wieso ich künftig beim Irrealis
die lat. conj-Formen (G hat konsequent Indikativ!) als *uneigentliche Abweichungen* ausklammere.

Ich muß gestehen, daß die erste Fassung meiner Tempus-Theorie zwischen Realis (= recto) und Irrealis (= obliquo) unterscheiden wollte. Erst die Konfrontation mit dem eigentlichen
Irrealis hat mich gezwungen, weiterzudenken.

Daß ich überhaupt auf das Problem gestoßen bin, verdanke
ich den obstinaten Abweichungen von L: Das Latein setzt obligatorisch den Konjunktiv, um den Irrealis auszudrücken. Anders
das Griechische. Der Modus für den Irrealis (und für den Potentialis der Vergangenheit) ist hier der *Indikativ* [10]. Sogar
die Modalpartikel ἄν ist im nachklassischen Griechisch nicht
mehr obligatorisch [11] und findet sich in den hier erfaßten Belegen nur noch in etwa einem Fünftel aller Fälle. Beim inten-
siven Kulturaustausch der hellenistischen Zeit ist der Gedanke an einen fremdsprachlichen Einfluß auf die hebr. Grammatik
sicher nicht zum Vornherein abwegig. Ein signifikantes Schwanken des Hebr. beim Ausdruck des Irrealis ließe sich allenfalls
von da her erklären. Der Befund liegt aber so eindeutig auf

---

10 SCHWYZER, Grammatik 344ff.
11 BLASS-DEBRUNNER, Grammatik 219.

der recto-Seite, daß die Voraussetzungen für diese Wahl in
der hebräischen Grammatik selbst gesucht werden müssen.

   Einen Schritt weiter kommen wir, wenn wir bedenken, daß es
noch ein "gestörteres" Verhältnis zur Realität gibt, als dies
beim Irrealis der Fall ist. Es ist die der indikativischen
Aussage eigentlich diametral entgegengesetzte *Negation*. Da
ist es nun eigenartig, daß auch in unserer Sprache niemand
auf den Gedanken kommt, eine verneinte verbale Aussage müßte
eigentlich rechtens im Konjunktiv stehen. Dem zugrunde liegt
offenbar auch in unserer Sprache die sprachlogische Überlegung, daß es bei der Negation tatsächlich doch um einen *direkten* Realitätsbezug geht, nämlich um die indikativische Aussage der *Realität des Nichtseins* [12] *einer Realität*. Die Gegenprobe, die wir zu machen pflegen zur Kontrolle, ob es sich
um einen Irrealis handle, zeigt uns, wie nahe der Irrealis
bei der Negation steht. Es ist ja gerade das Zeichen für den
Irrealis, daß die Aussage sich negieren lassen muß: "er käme - kommt aber nicht". Tatsächlich läßt sich der Irrealis
also auch als *umschriebene Negation* auffassen, wobei für uns
im Deutschen offenbar die Umschreibung (indirekte Negation)
im Vordergrund steht, während für die hebräische (und analog
für die griechischen und zB auch für die französische und englische) Grammatik beim Irrealis die indikativische Aussage
des Letztlich-halt-doch-nicht-Seins ihren adäquaten Ausdruck
findet.

   Da der *Potentialis* andererseits hebr. mit der obliquo-Form,
griech. und lat. aber mit dem conj ausgedrückt wird, fällt er
bei dem hier angelegten groben Raster stillschweigend unter
die Entsprechungen. Ich möchte aber doch eine Beobachtung an-
fügen, die ein interessantes Licht auf das hebr. Tempus-Ver-
ständnis wirft.

---

12 oder "Nicht-heit", vgl WALKER, Semitic Negative 257: "not-ness".

In der Hoffnung, Einsicht in die Behandlung der Vorzeitig-
keit zu erhalten, untersuchte ich die durch טרם "bevor" ein-
geführten Verben. Die Überraschung war nun groß, als sich
herausstellte, daß nach טרם praktisch durchgehend (45x) pref
steht, und zwar ohne Unterschied, ob es sich nach dem Kontext
um präteritische [13], präsentische [14] oder futurische [15] Zeitstufe handelt. G wählt durchgehend die Fügung πρίν oder πρό mit
Infinitiv [16], L antequam oder priusquam mit impf conj (Vergangenheit) bzw präs conj (Gegenwart und Zukunft), gelegentlich
unterbrochen durch necdum mit impf oder plqpf ind.

טרם nun einfach nach Schulbuchmethode zur Präposition mit
obligatorischen obliquo zu deklarieren verbieten die Ausnahmen. Zwei von ihnen, wo auch nicht die Nuance eines Funktions-
unterschieds sichtbar wird, lassen sich - wie BHS das vorschlägt - textkritisch in pref korrigieren: Gen 24,15 aufgrund des pref v45; 1Sam 3,7, wo der KT beide Lesarten zuläßt. Damit bleiben noch zwei suff nach טרם: Ps 90,2 und
Spr 8,25. Die Aussage ist beidemale überraschend identisch:
"bevor die Berge geboren wurden" Ps 90 und "bevor die Berge
eingesenkt wurden" Spr 8. Betreffs Realitätsbezug besteht
hier tatsächlich ein markanter Unterschied zu den pref-Bele-
gen. Jene lassen sich grundsätzlich immer als *Potentialis* interpretieren: "bevor du kamst" - und es war möglich und zu
erwarten, daß du kommen würdest; "bevor die Hebamme jeweils
kommt" - möglich und zu erwarten, daß sie kommt; "bevor ich
euch heute hineinführen werde" - möglich und zu erwarten, daß
ich das tun werde. Anders bei Ps 90 und Spr 8: "bevor die
Berge geboren, eingesenkt wurden" - und daß sie das in der

---

13 zB Gen 27,33 בטרם תבוא "bevor du kamst".
14 zB Ex 1,19 בטרם תבוא "bevor sie (jeweils) kommt".
15 zB Dtn 31,21 בטרם אביאנו "heute, bevor ich euch hineinführen werde".
16 Wo das nicht der Fall ist: Ex 9,30; 10,7; Jer 38,10, entfernt sich
   G vom MT.

Folge wurden, steht jedermann sicht- und greifbar vor Augen.
Für Potentialis bleibt hier keine Nische mehr.

Aufgrund der hier erfaßten Belege ist der Schluß zwingend:
Ursache für die Obstinanz von obliquo nach עטם und für den
sonst unerklärlichen Wechsel zu recto in den letzten beiden
Fällen kann nur sein, daß Hebr. für den Realitätsbezug in der
Logik des Ausgesagten [17] eine bedeutend feinere Unterschei-
dungsgabe besitzt als uns das gegeben ist.

Da es hier darum geht, mit Hilfe der möglicherweise doch
noch sprachkompetenteren Übersetzer G und L die *Grundstruktu-
ren* der hebr. Tempuswahl herauszuarbeiten, können wir solche
Linien überall dort nicht weiterverfolgen (bzw werden gar
nicht darauf aufmerksam gemacht), wo als Entsprechung für
hebr. obliquo der conj etc steht. Die hier greifbar gewordenen
Gesetzmäßigkeiten von Irrealis und Potentialis mögen uns -
analog zu den Erfahrungen mit dem Futur - aber doch davor warnen, unseren Indikativ (der Zeitstufe Vergangenheit, Gegenwart oder Zukunft) vorschnell mit hebr. recto gleichzusetzen.

Mit der richtigen Zuteilung des Irrealis zur recto-Seite
dürfte ein weiterer Stolperstein auf dem Weg zu einer schlüssigen hebr. Tempuslehre ausgeräumt sein. Andererseits ist auch
hier wieder sichtbar geworden, daß die konsequente Berück-
sichtigung des hebr. Tempus für die Bibelarbeit noch einiges
beizubringen hat.   (Ende von Exkurs 3)

ε) G imp / L fut

Der einzige Beleg ist למד Jes 26,9. G hat im KT den formal
identischen Imperativ gelesen und damit wohl auch L in der
Tempuswahl beeinflußt.

ζ) G opt / L fut

קפץ Ijob 5,16. Folgezwang nach vorangehendem, von G und L

---

17 Es wird sich unten im Anhang 4 zeigen, daß bei der indirekten Rede, wo
   es in unserer Sprache um die Logik der Aussage als Vorgang geht, Hebr.
   frei zwischen recto und obliquo wählen kann.

als w-pref fehlinterpretiertem c-pref.

η) G aor conj / L fut

- Eine *Textverderbnis* kann bei למד Jes 26,10 (nach בל) vorliegen, da im gleichen Vers parallel auch ein בל+pref vor-
kommt [18]. - נחת Jes 5,27 läßt der KT auch die Lesung eines
Partizips nif'al zu (vgl oben zu פחח fut/fut im gleichen
Vers).

- Als *eigentliche* Abweichungen bleiben: שבע Jes 9,19. Hier
besteht Folgezwang nach als w-pref gelesenem c-pref (MT). -
שחה Jes 44,12. Der ganze Abschnitt über die Götzenschmiede
Jes 44,10 - 20 ist von der Tempuswahl her gesehen sehr in-
homogen und wohl nicht ohne literarkritische Eingriffe zu
erklären. In der Vorlage von G scheint das im MT nachfolgen-
de c-pref יעף vorher gestanden zu haben und wurde als w-pref
interpretiert. שחה steht somit unter Folgezwang. L war sichtlich froh, sich mit Hilfe der Tempuswahl von G durch diesen
schwierigen Text hindurchretten zu können. - עשה Jes 55,11
und שלם 65,6. Das diese beiden Verben bestimmende כי אם ist
mehrdeutig und wird unten im Anhang 4 h systematisch untersucht werden.

    b) Konjunktiv bei recto-Formen

    α) G aor conj / L präs conj
    Es handelt sich hier um die drei Belege Gen 24,19 mit עד אם;
Jes 6,11 mit עד אשר אם; 30,17 mit עד אם. Da es im Zusammenhang mit עד immer wieder zu Schwierigkeiten kommt, wird auch
diese Partikel unten im Anhang 4 i untersucht werden.

    β) G aor conj / L perf conj
- שוה Jes 28,15 ist fut II, wobei G und L mit ὅταν + aor conj

---

18 Vgl dazu aber unten Anhang 4 f!

bzw cum + perf conj einem eigensprachlichen Zwang zum Konjunk-
tiv folgen. Das Gleiche gilt von נחן Dtn 12,21 G ὧν ἄν δῷ |
L quae habueris.

- שכב Ijob 7,4 ist Iterativ: "jedesmal wenn", von G korrekt
mit ἐάν + aor conj wiedergegeben. L mit si + perf conj scheint
aber Potentialis verstanden zu haben: "angenommen, ich lege
mich nieder", ist also eine eigentliche Abweichung.

γ) G aor conj / L impf conj

- כלה Rut 2,21 wird sich bei der Untersuchung von עד im Anhang 4 i als fut II und somit als uneigentliche Abweichung
unter eigensprachlichem Zwang bei G und L herausstellen.
- Eine eigentliche Abweichung liegt קרע Jes 63,19 bei G vor,
der den irrealen Wunschsatz als potentialen Konditionalsatz
versteht und mit dem Folgenden in Zusammenhang bringt.

δ) G präs conj

היה Jes 59,2. Das wohl als Adhortativ gedachte διιστῶσιν
von G ist mir nicht verständlich: "eure Sünden mögen trennen".
MT und L sind einsichtig: "sie haben getrennt".

ε) G aor conj

Es sind hier nur uneigentliche Abweichungen nachgewiesen:
ירש Jes 63,18 konnte G im KT als formal identisches pref lesen. - נגע, תעה Jes 16,8. G hat offenbar den nackten Relativsatz nicht verstanden und mußte ihn in Abweichung vom MT in
einen möglichen Zusammenhang hineininterpretieren: 2 pl statt
3 pl. - Ebenfalls eine freie Interpretation ist חשב Jes 33,8,
wo G 3 sg in 2 pl ändert. - צמע Jes 48,21 hat G ולוא (statt
ולא) gelesen und einen Bedingungssatz konstruiert. - צוה Jes
55,10 wird sich bei der Untersuchung von כי אם als conditio
sine qua non, also als eigensprachlichen Zwang von Hebr. zu
recto erweisen. - סור Jes 31,1; נטע, זרע, שרש Jes 40,24. Mit
οὐ μή verstärkt G die Verneinung, was conj verlangt.

ζ) L präs conj

מלא Est 7,5 ist ein textkritisches Problem. Statt des etwas

schwierigen מלאם liest L offenbar מואל = pt hif von יאל und
konstruiert damit einen Finalsatz.

θ) L perf conj

- Eigensprachlicher Zwang zum Konjunktiv liegt vor
+ bei quod + conj anstelle des klassischen a c i [19] : עשה Gen 24,
14; שמד Dtn 4,3; למד 4,5; בוא Rut 3,14 sowie allgemein im Relativsatz als Ausdruck der fremden Meinung: עשה, עזב Jes 58,2;
עשה Ijob 2,11;
+ nach eo quod im abhängigen Kausalsatz: יעץ Jes 7,5; עשה 53,
9; משח 61,1;
+ im abhängigen Fragesatz: יעץ Jes 19,12; נגד Est 4,14, sowie
dem damit verwandten konjunktivischen Relativsatz nach den
verba sentiendi et dicendi עשה Jes 33,13; 37,26; הלך, עשה 38,
8; קנה Rut 4,9f;
+ im Relativsatz nach unbestimmten Ausdrücken des Vorhandenseins: נצל Jes 36,20; ראה 39,4; ידע 44,8; שום 57,1;
+ nach dem cum adversativum: עשה Jes 38,15;
+ beim Irrealis: אמר Ijob 7,13.
- Die einzige eigentliche Abweichung ist חטא Ijob 1,5, wo MT
und G den indikativisch ausgedrückten Potentialis der Vergangenheit haben, L hingegen final konstruiert: ne forte pecca-
verint.

η) L impf conj

Hier handelt es sich durchwegs um eigensprachlichen Zwang
von L:
+ quod + conj anstelle des klassischen a c i: אהב Gen 37,4; ut +
conj in der gleichen Funktion: שמע Dtn 4,33;
+ konjunktivischer Relativsatz nach den unbestimmten Ausdrük-
ken des Vorhandenseins: שגב Dtn 2,36; לקח 3,4; ראה Jes 39,2;
מצא Rut 2,10;
+ beim cum adversativum: ראה ארך, 1Kön 8,8;

---

19 Vgl LAUMANN, Grammatik 576: "erst in späterer Zeit".

+ beim Irrealis: הָיָה, ילד Rut 1,12; מכר, חרש Est 7,4;

+ nach präteritischem עד: donec + impf conj שקם (2x) Ri 5,7.

ı) L plqpf conj

Auch hier sind es durchgehend uneigentliche Abweichungen wegen eigensprachlichem Zwang von L:

+ quod + conj anstelle von klassischem a c i: נסע Jes 37,8; חלה 39,1; פקד Rut 1,6;

+ abhängiger Fragesatz: צלח Gen 24,21; עשה Est 2,1; נשא 5,11; נגד 6,2; konjunktivischer Relativsatz nach *verba dicendi:* אמר Est 4,7; קרה 6,13;

+ indirekte Rede: עשה Rut 2,19; 3,16; Est 2,1;

+ Irrealis: יתר, הָיָה, דמה Jes 1,9; קשב 48,18.

c) Zusammenfassung

Die Zahl der *eigentlichen Abweichungen* hat sich damit auf 91 (= 5,6% aller x-suff und o-suff-Belege) reduziert. Es sind dies hauptsächlich futurische Interpretationen und zwar fast ausschließlich in den prophetischen Texten des Jesaja-Buches mit deutlichem Schwerpunkt auf G. Theologisch-ideologische Hintergründe für diese Abweichungen sind in den meisten Fällen kaum von der Hand zu weisen.

Es ist bemerkenswert, daß uns bei den eigentlichen Abweichungen auf der recto-Seite kein einziger Fall begegnet ist, wo sich das Verb nicht auch zwangslos in der hier entwickelten recto-Funktion verstehen läßt. Es ist also nicht auszuschließen, daß die Übersetzer in allen diesen Fällen - bewußt oder unbewußt - von der Intention des hebr. Textes abgewichen sind.

Als *uneigentliche Abweichungen* haben wir die Fälle eingestuft, die sich textkritisch (auch durch Formgleichheit im Konsonantentext [20]) erklären lassen. Weiter gehören jene Fälle dazu, wo bei G oder L ein eigensprachlicher Zwang zu einer nicht-indikativischen Form vorliegt (nicht aber die Fälle von Folgezwang, die wir zu den eigentlichen Abweichungen gezählt haben). Schließlich gehören zu den uneigentlichen Abweichungen jene Fälle, wo der Übersetzer frei interpretierend sich so weit von der hebr. Vorlage entfernt, daß jedenfalls nicht mehr von einer Übersetzung *unseres* KT die Rede sein kann.

Bei den uneigentlichen Abweichungen überwiegen jene aus eigensprachlichen Zwängen, naturgemäß ohne spezifische Konzentration auf bestimmte Texte oder Gattungen, aber mit einem signifikanten Schwerpunkt bei L. Außer dem Irrealis ist dafür die Tatsache verantwortlich, daß die lateinische Grammatik vor allem bei Nebensätzen überaus empfindlich auf innere Abhängigkeit ("Konjunktiv der fremden Meinung") reagiert, während Hebr. sogar noch bei der indirekten Rede durchaus indikativisch denken kann.

---

20 Es sei nochmals daran erinnert, daß wir damit generell alle Abweichungen bei c-pref und w-suff ausgeschieden haben.

9. Die Abweichungen auf der obliquo-Seite

Wegen der Verwechslungsmöglichkeit mit w-suff und c-pref
können wir hier die Abweichungen bei c-suff und w-pref generell ausscheiden. In Betracht kommen also jene Fälle, wo x-
pref bzw o-pref als unzweifelhafte obliquo-Formen in der Übersetzung mit den indikativischen Präteritums-Formen aor, perf,
plqpf und cum hist[1] übersetzt werden.

α) G aor / L perf

- *Textkritisch* ausscheiden lassen sich: מלא Jes 6,4 (Qu läßt
sich als w-suff lesen); רקע Jes 40,19; קרא 41,2; אכל 44,16;
עור 50,4 (Qu: c-pref); נכר Jes 63,16 (Qu: x-suff). Haplographie von waw kann bei שכב Jes 43,17, Dittographie von yod bei
בוא Ijob 3,25 der Fall sein. - Die Copula bei G und die weiteren drei c-pref im gleichen Vers lassen annehmen, daß bei
נגע Ijob 4,5 das waw conversivum ausgefallen ist. - Bei צלה
Jes 44,16 ist eine Textkorruption wahrscheinlich. Qu bietet
eine stark abweichende präteritische Lesart. G und L folgen
im Tempus Qu, stehen aber im Wortbestand dem MT näher. - שוב
Jes 12,1. Die Copula bei G macht es wahrscheinlich, daß in
seiner Vorlage וישב stand, was mit dem folgenden ותנחמני als
c-pref gelesen werden konnte. - Abweichendes pref nach אז bei
בדל Dtn 4,41; קהל 1Kön 8,1 wird im Anhang 4 e zur Sprache kommen.

- *Formgleichheit* mit recto besteht bei כחד Ps 78,4, wo G und
L ein nif'al lesen.

- Die verbleibenden *eigentlichen Abweichungen* müssen nun da-

_____

1 Die als Sonderfall behandelten präs und impf kommen hier also nicht
  mehr in den Blick.

raufhin untersucht werden, ob obliquo hier nicht auch im Sinn
der Theorie verstanden werden könnte. Es ergeben sich folgende
Gruppierungen:

+ *Modal* verstehen lassen sich הלך Ri 5,6 ("müssen", cf EÜ); ללו
Jes 1,21 ("sollen"); עשה 26,18 ("können"); שום 42,25 ("wollen"); הלך 59,9 ("müssen").

+ Damit verwandt ist der *Dubitativ* in der (vorwurfsvollen) rhetorischen Frage: דמה Jes 40,18.25; 46,5 (cf EÜ: "mit wem wollt
ihr mich vergleichen?"); נגד 48,6 (cf EÜ); ארך, רחב, ענג 57,4;
כזב, ירא 57,11; ידע 58,3; קשח, תעה 63,17; מרה, עצב Ps 78,40;
קבל Ijob 2,10 ("das Gute nehmen wir an? und das Böse nehmen
wir nicht an?"); מות 3,11; שום 7,12.

+ Das für uns oft schwer nachvollziehbare obliquo bei den *modalisierenden Verben* des Könnens, Wünschens etc findet sich:
בחר Ri 5,8 (schwieriger Text); Jes 41,24; 58,5f; יכל Jes 59,
14; קוה 59,11.

+ *Futurische Interpretation* ist möglich: שלח Ri 5,26; ענה 5,
29 (fut gibt beiden Stellen eine dramatische Note!); שבר, בצע
Jes 38,13f; פעל 44,15 (Folgezwang; der ganze Vers müßte futurisch verstanden werden).

+ Consuetiv liegt vor bei כזב Ps 78,36; שחה Jes 2,8; יצר 44,
12; תאר, עשה 44,13; vielleicht auch חזק, קום, אמץ Ijob 4,3f.

+ *Potentialis* sehe ich bei אמר Est 2,15 "außer was er ihr befehlen würde"; möglicherweise eine seltene Form des Finalis
(geläufiger Ausdruck dafür ist ל+inf) bei שטף Ps 78,20.

- Wenn bei einem *Parallelismus membrorum* das eine Verb in der
recto-, das andere in der obliquo-Form steht und die Übersetzungen für beide Verben das gleiche Tempus wählen, so wird
man spontan nach Indizien für eine Textverderbnis Ausschau
halten (zB bei שוב Jes 12,1 oben bei den textkritisch ausge-
schiedenen Fällen). Nun gibt es hier aber eine ganze Reihe
solcher Fälle, wo der Verdacht auftauchen muß, daß es sich
bei diesem Tempuswechsel innerhalb des Parallelismus um ein

bewußt angewendetes *stilistisches Spannungsmoment* handeln
könnte, das von den Übersetzern ungerechtfertigterweise wieder ausharmonisiert worden ist. Ich führe diese Belege an, indem ich der EÜ die mE vom MT intendierte Übersetzung gegenü-
berstelle: Jes 40,14 EÜ "Wer lehrt ihn das Wissen und zeigt
ihm den Weg der Erkenntnis?" | MT: "Wer hat ihn das Wissen ge-
lehrt und wird/kann ihm den Weg der Erkenntnis zeigen?" -
Jes 40,27 EÜ "Mein Weg ist dem Herrn verborgen, meinem Gott
entgeht mein Recht" | MT "Verborgen hat sich mein Weg vor dem
Herrn, und meinem Gott wird mein Gericht (dh das Gericht über
mich) entgehen." - Jes 42,25 EÜ "Ringsum hat er sie umlodert,
doch sie nahmen es nicht zu Herzen" | MT "Du hast ihn rings-
um umlodert, doch er merkte es nicht; du hast ihn in Brand
gesetzt, doch er will es sich nicht zu Herzen nehmen." -
Jes 52,12 EÜ "Denn er trug die Sünden von vielen und trat für
die Schuldigen ein" | MT "Denn er trug die Sünden von vielen,
und für die Schuldigen wird er eintreten." - Jes 59,5 EÜ
"Schlangeneier brüten sie aus und weben Spinngewebe" | "Schlan-
geneier haben sie ausgebrütet, und Spinngewebe werden sie weben (oder: pflegen sie zu weben)." - Ijob 3,17 EÜ "Dort hören
Frevler auf zu toben, dort ruhen sie aus" | MT "Dort werden
Frevler aufgehört haben zu toben (fut II), dort werden sie
ausruhen." - Ijob 4,11 EÜ "Der Löwe verendet ..., die Jungen
der Löwin zerstreuen sich" | MT "Der Löwe ist verendet[2]...,
die Jungen der Löwin werden/müssen sich zerstreuen."

β) G aor / L cum hist

חלף Ijob 4,15. Das präfigierte yod könnte Dittographie sein:
פני יחלף.

γ) G perf / L perf

Es sind zwei eigentliche Abweichungen belegt: עמד Jes 59,14.
Da והגל am Versanfang sicher richtig als c-suff gelesen wer-

---

2 Im KT kann hier auch ein Partizip gelesen werden: "Der Löwe ist am Ver-
  enden ...".

den muß, besteht grammatikalisch kein Problem, den ganzen Vers
futurisch zu verstehen. - נחן Ijob 3,20 ist Dubitativ: "warum
sollte er Licht geben ...?"

δ) G plqpf / L perf

גנב Ijob 4,12. Die pref-Form von pu'al ist mir hier unverständlich. Damit befinde ich mich in guter Gesellschaft mit
G (ῥῆμα ... ἐγεγόνει) und L (dictum est verbum absconditum).

ε) G aor

- Formgleichheit mit suff im KT besteht bei יצא Ijob 5,6. -
Zum Problem mit אז ינוח לי Ijob 3,13 vgl die Ausführungen zur
Stelle oben im Exkurs 3 (S. 113). - Sonst handelt es sich
durchgehend um *eigentliche Abweichungen*:

- Durch die futurische Übersetzung bei L ist hinreichend begründet, daß man das Verb auch entsprechend der Theorie verstehen kann: דמם Jes 10,7; עלה 14,8; שחה, מרר 24,9; נוע 24,20;
סור 25,8; גיל 25,9; ירה, בין 28,9; ענה, חתת 31,4; חזק 33,23
(בל); שלם 38,12f ; ערך 40,18; פעה 42,14; שמר, שמע 42,20; בוש
44,11; בוא, עשה 46,11; עשה 48,14; רחם 49,13; נתן 51,12; יבל
53,7; בוש, חפר 54,4; כזב 58,11; בוא 60,4; זכר 63,7; חפה 64,11;
חיל, ילד 66,8; דכא Ijob 4,19; אבד 4,20; מות 4,21; רדה 5,18.

Wenn oben bei den futurischen Übersetzungen von recto-Formen der begründete Verdacht aufgetaucht ist, G habe gegen besseres Wissen den Text gelegentlich an die Realität bzw Ideologie angepaßt, so ist das hier bei der präteritischen Übersetzung von obliquo-Formen bemerkenswerterweise jedenfalls
nicht in gleichem Maße der Fall. Es mag sein, daß man Aussagen über sein eigenes übles Verhalten lieber in der Vergangenheit begraben wollte, statt sie mit dem MT als noch ausstehend zu deklarieren, zB Jes 40,18; 42,20; 54,4. Aber wie
sich gleich zeigen wird, scheint doch meist Fehlinterpreta-
tion spezifischer obliquo-Inhalte im Hebr. dafür verantwortlich zu sein.

Weitere Fälle von obliquo-Formen, die gegen G durchaus auch

futurisch verstanden werden können, sind: שוב Ri 5,29; ילד
Jes 39,7; שמע 42,9; עזר 50,7 (cf EÜ); יצא Rut 2,22.

- *Modaler Bezug* kann im MT gemeint sein: חזה Jes 26,11 (בל;
"wollen"); גדל Ijob 7,17 ("wollen"); נכר 4,16 ("können").

- *Consuetiv* sehe ich: קרא Dtn 3,9; שוב Jes 44,19 (auch modal
möglich: "sie wollen nicht"); בוא Ijob 3,24; שום 4,18; מחץ
5,18 (der ganze Vers muß consuetiv verstanden werden). Damit
verwandt sind die *Vergleiche*: זעק Jes 26,17; עדה 61,10; כשל
63,13 (muß wohl sg gelesen und das waw als copula zum nächsten Wort geschlagen werden); ירד 63,14; עבר Ijob 6,15.

- *Dubitativ* in der rhetorischen Frage: גור, שכן Ri 5,17; עשה
Jes 42,19 (allerdings im Text nicht als Frage signalisiert);
שבר 66,9; נשא Ijob 7,21.

- *Verb des Begehrens* in der obliquo-Form: קוה Jes 60,9.

- *Potentialis* ist möglich יכח Ijob 5,17; *Finalis* ינק Ijob
3,12 (nach כי).

   ζ) G perf

- Durch die Übersetzung von L als mögliches *Futur* ausgewiesen
sind: ראה Dtn 3,28; חשב Jes 10,7; פשע, יצת 27,4 (schwieriger
Text; G hat Irrealis übersetzt, MT ließe sich auch modal interpretieren).

- Eine *rhetorische Frage* ist עמד Gen 24,31 "wieso willst du
hier stehen?"; *Potentialis* scheint חלל Jes 48,11 zu sein.

- Nicht erklären kann ich mir die obliquo-Formen bei בוא Ijob
1,7 "woher kommst du?" Das erinnert an den analogen Fall Jes
39,3 "woher sind sie gekommen?"

   η) L perf

- ילל (2x) Jes 15,2f dürfte nach Aufweis von Qu eine *Textverderbnis* vorliegen. Ebenfalls textlich unsicher ist כנה Jes
45,4, wo Qu im Text suff hat, mit darübergesetztem yod aber
ein pref signalisiert. - חמם Jes 44,16 und צלה 44,19 lassen
sich nach der Texttradition von Qu als c-pref lesen.

- Eine wegen *Formgleichheit* im KT uneigentliche Abweichung findet sich נקף Jes 29,1, wo G nif'al liest.

- Bei den *eigentlichen Abweichungen* werden 12 Fälle durch die Übersetzung von G als inhaltlich mögliches fut ausgewiesen. Angesichts der mit G gemachten Erfahrung mag der Verdacht auftauchen, daß L vielleicht den Text auch aus ideologischen Gründen etwas nachgebessert haben könnte. Die Einzeluntersuchung zeigt aber sofort, daß dem nicht so ist: נגע Jes 30,4; ידע 40,13; חרב, אפק 42,14; נשא 64,5 harmonisiert L einen Tempuswechsel innerhalb des parallelismus membrorum, עשה Est 5,6 gleicht er an עשיתי v4 an. יעל Jes 30,5; פעל 43,13 ist ebensogut modale Aussage möglich, גשש (2x) 59,10 wohl eher Consuetiv; עשה 64,3 ist die obliquo-Form im nackten Relativsatz wohl als Potentialis zu verstehen, während wir bei עור Ps 78, 38 einen von G und L nicht verstandenen Consuetiv haben (vgl oben S. 98). - Eine ideologische Vorentscheidung von L ist in keinem dieser Fälle zu erkennen.

- *Futurische Interpretation* ist ebenfalls möglich bei עול Jes 26,10 und חרד 41,5; פתח 53,7 (nach Ausweis des zweiten, futurisch übersetzten לא יפתח im gleichen Vers); *Consuetiv* bei תאר Jes 44,13; *modal* bei בין Jes 44,18 ("wollen"); אזר 45,5 ("ich will ... trotzdem"); שמע Ijob 4,16 ("können"); מצא Rut 2,13 ("möge ich ..."; G hat opt). - Ein *Verb des Begehrens* ist קוה Jes 59,9; eine *rhetorische Frage* ist שמע Jes 40,21.

- Unerklärlich geblieben ist mir die obliquo-Form bei לפת Ijob 6,18, wo o-pref zu Beginn des Verses steht, ferner das x-pref עשה 1Kön 7,8 und ארג Jes 59,5.

Zusammenfassung

In auffälligem Gegensatz zur recto-Seite fehlen bei obliquo uneigentliche Abweichungen infolge eigensprachlichem Zwang. Das ist der Grund, wieso in den Tabellen 8 - 11 (und

13) die Blöcke B und C im Vergleich zu D nur sehr schwach besetzt sind. Es handelt sich bei den Abweichungen der obliquo-
Seite um Textprobleme oder um Interpretationsschwierigkeiten,
die sich beiden Übersetzern grundsätzlich gleich gestellt haben, nämlich in erster Linie um bestimmte Inhalte, die mit
dem obliquo-Ausdruck im Hebräischen mitverstanden, den Übersetzern aber aus irgendwelchen Gründen nicht einsichtig waren, so der Dubitativ (bei der rhetorischen Frage), der Consuetiv, die Modalität des Könnens, Wollens etc sowie die bei
modalisierenden Verben auch für uns oft schwer verständliche,
im Hebr. aber offenbar gern gewählte (jedoch nicht obligato-
rische) obliquo-Form.

Der Anteil an eigentlichen Abweichungen auf der obliquo-
Seite ist denn auch höher geblieben als auf der recto-Seite:
160 oder 8,8% aller Belege von x-pref und o-pref sind eigentliche Abweichungen von unserer Theorie.

Ebenfalls im Gegensatz zur recto-Seite ist uns hier eine
Anzahl von Fällen begegnet, die unerklärlich geblieben sind,
weil sich der Kontext gegen ein mögliches obliquo-Verständnis
in den bisher herausgearbeiteten Funktionen sträubt.

10. Nicht erklärbare Abweichungen

Damit ist es jetzt gelungen, die immerhin noch beträchtliche Zahl der formalen Abweichungen gesamthaft stark zu re-
duzieren auf die eigentlichen Abweichungen, wo tatsächlich
in der Übersetzung eine Interpretation vorliegt, die sich mit
unserer Tempus-Theorie nicht vereinbaren läßt. Mit wenigen
Ausnahmen war es sodann möglich, nachzuweisen, daß hier der
Text durchaus ungezwungen auch *entsprechend* der Theorie interpretiert werden kann. Häufig war es sogar möglich, die
Gründe namhaft zu machen, die den Übersetzer - vielleicht gegen besseres Wissen - veranlaßt haben konnten, in der Tempuswahl von der hebr. Vorlage abzuweichen.

Übriggeblieben sind insgesamt 24 Stellen, wo das hebr. Tempus sich weigert, mit der Theorie in Einklang gebracht zu werden. Das ist weniger als ein halbes Prozent vom Total der im
systematischen Teil untersuchten Verbformen, was uns durchaus berechtigen könnte, diese wenigen Fälle als anderweitig
nicht erklärbare Schreib- und Kopierfehler zu vernachlässigen, zumal 16 von ihnen sich schon durch bloße Streichung
eines yod aus der Welt schaffen ließen.

Bei der Zusammenschau kristallisieren sich nun aber unter
diesen Abweichungen überraschenderweise drei Gruppen heraus,
wo die Abweichung jeweils unter identischen Bedingungen ein-
tritt. Das weckt den Verdacht, daß sogar hinter diesen sonst
unerklärlichen Abweichungen noch Methode stecken könnte.
- Die größte Gruppe bilden die Fälle, wo vom *Sprechen Jahwes*
unverständlicherweise in der obliquo-Form die Rede ist:
יאמר יהוה Jes 1,11.18; 33,10; 41,21. יאמר אלהיכם Jes 40,1.

יאמר קדוש Jes 40,25; יאמר מלך יעוב Jes 41,21.

Gemeinsam ist diesen Belegen:

+ daß der Satz stets in die Rede eingeschoben ist;

+ daß der Redeteil, nach dem der Satz eingeschoben ist, durchwegs modalen Charakter hat (Jes 1,11 rhetorische Frage als Nominalsatz; 40,25 rhet. Frage mit x-pref; 1,18 und 33,10 Adhortativ, Voluntativ; die übrigen Fälle Imperativ).

Außerhalb der hier erfaßten Texte habe ich dieses Phänomen nur noch einmal[1] gefunden: יאמר יהוה Ps 12,6. Auch hier ist die Situation wieder identisch, daß der Satz in eine Jahwerede mit modalem Charakter eingeschoben ist: "Jetzt will ich aufstehen, spricht Jahwe, und ...".

Da könnten wir uns daran erinnern, daß Verben mit modalem Inhalt auf für uns nicht nachvollziehbare Weise in der obliquo-Form stehen können. Nach Imperativ oder Aufforderung an die 2. und 3. Person ließe sich denn auch אמר als "befehlen" verstehen. Aber nach Fragen und der Aufforderung an die 1. Person ("ich will das und das tun") ist das nicht mehr möglich.

Daneben gibt es auch eine Reihe von Fällen, wo der Einschub[2] in der verständlichen suff-Form steht: אמר יהוה oä. Der Kontext ist hier unterschiedlich:

9 x indikativisch: Jes 57,19; 59,21; Jer 44,26; Sach 8,14;
    Mal 1,2.10.13.14; 2,16.

7 x futurisch: Jes 66,20; Jer 30,3; 49,18; Mal 2,2; 3,17.19.21;

2 x Imperativ: Ri 5,23; Mal 3,10.

Indikativischer und modal-futurischer Kontext halten sich also die Waage, sodaß auch von hierher keine Lösungsmöglichkeit sich abzeichnet in dem Sinn, daß vielleicht auf uns un-

---

1 כאשר יאמר אלהינו Ex 8,23 läßt sich zwanglos auch futurisch verstehen: "Wir wollen in die Wüste gehen und Opfer darbringen, wie Jahwe (sie) uns befehlen wird" (cf L: sicut praeceperit nobis!)

2 Die zahllosen Fälle von אמר יהוה am Ende einer Rede habe ich nicht berücksichtigt.

verständliche Weise das obliquo des Kontexts sich auf das Tempus des Einschubs abfärben könnte.

Wenn wir diese unerklärlichen Abweichungen nicht einfach
einem des Hebräischen nicht mehr ganz mächtigen Kopisten oder
Bearbeiter anlasten wollen, bleibt uns kaum etwas anderes übrig, als anzunehmen, daß dem Verb אמר vielleicht sprachgeschichtlich der Inhalt "befehlen" (dt. "etwas zu sagen haben")
in einem solchen Maße anhaftet[3], daß אמר auch in Zusammenhän-
gen als modalisierendes Verb verstanden werden konnte, wo das
für uns nicht mehr nachvollziehbar ist. Daß andererseits auch
nach Imperativen die recto-Form אמר יהוה belegt ist, ist nicht
von Belang, da, wie es sich gezeigt hat, die modalisierenden
Verben zwar - gelegentlich für uns nicht nachvollziehbar - in
der obliquo-Form stehen *können*, die hebr.Grammatik sich aber
nicht auf ein Obligatorium festgelegt hat.
- Eine zweite Gruppe unerklärlicher Abweichungen ist unter
sich darin identisch, daß es o-pref-Formen sind, die am Versanfang stehen. Es sind folgende Fälle: שלח Ps 78,45.49; הרג
78,77; פלס 78,50; עמד Ijob 4,16; לפת 6,18. Zu erwarten wäre
hier jeweils c-pref. Ob der Wegfall des waw auf Kosten paläo-
graphischer Fehlerquellen (Manuskript am Rand beschädigt) oder
eines Kopisten geht, der mit der konvertierenden Funktion dieses waw nicht mehr vertraut war? Da es sich aber ausschließlich um Belege aus poetischen Texten handelt, wäre es auch
möglich, daß wir es hier mit einem Fall von dichterischer
Freiheit zu tun haben. Ich möchte diesen Gedanken an einem
Beispiel aus unserer Sprache illustrieren:

Der Satz "Sah ein Knab ein Röslein stehn" ist invertiert
und ohne vorausgehendes syntaktisches Element nur als Frage
korrekt. Der Dichter kann sich aber diese Freiheit erlauben
und diesen Satz als affirmativen Hauptsatz formulieren, weil

---

3 Vgl arabisch امر, das ausschließlich mit diesem Inhalt verstanden wird.

unsere innere Grammatik ihm das zubilligt und automatisch
ein von ihm lediglich gedachtes "es" oder "einst" ergänzt.
Analog ist es immerhin denkbar, daß beim kompetenten hebr.
Leser ein ähnlicher Mechanismus in Aktion trat, der in den
obigen Fällen ein lediglich gedachtes waw ersetzte und die
Form als c-pref verstehen ließ.

Wenn das stimmt - und kontrollieren läßt es sich mangels
kompetenter Informanten leider nicht - dann stünden wir hier
vor der doch recht seltsam anmutenden Tatsache, daß schon ein
lediglich gedachtes waw das Tempus umzukehren vermag. Die
überdurchschnittlich hohe Abweichungsquote bei den o-Formen
läßt eine solche Annahme nicht unwahrscheinlich erscheinen.
- Eine letzte Gruppe bilden die unerklärlichen obliquo-Formen יבאו מאין Jes 39,3; מאין תבא Ijob 1,7; אי מזה תבא 2,2.

Gemeinsam ist diesen Fällen:

+ die Frage nach dem Woher;

+ das Verb בוא;

+ daß es sich *nicht* um rhetorische Fragen handelt, sondern um
solche, die eine Antwort erwarten und auch erhalten.

Die Suche nach weiteren identischen Fällen erbringt folgendes Resultat:

Wenn die Frage nach dem Woher nicht nominal konstruiert
wird (zB 2Sam 1,13 "woher bist du?"), steht immer das Verb
בוא und zwar mit Vorliebe in der obliquo-Form. Außer den hier
erfaßten sind es noch folgende Fälle: ומאין תבאו Jos 9,8;
מאין תבוא Ri 17,9; 19,17; אי מזה תבוא 2Sam 1,3; ומאין יבאו
2Kön 20,14 (Paralleltradition zu Jes 39,3); ומאין תבוא Jona
1,8; והחכמה מאין תבוא Ijob 28,20 (die Frage nach der Herkunft
der Weisheit kann allerdings auch als rhetorische Frage verstanden werden, zumal sie hier keine direkte Antwort erhält).

Daneben ist ohne ersichtlichen Unterschied in Funktion und
Zusammenhang auch die recto-Form überliefert: אי מזה באת Gen
16,8 und מאין באתם Gen 42,7.

Ob man annehmen kann, daß der im Orient so wichtigen und
häufigen Frage nach dem Woher im Hebr. eine Formel stillschweigend zugrunde liegt, die einen grundsätzlichen Zweifel an der
Aussage des Befragten offenhält? Man könnte sich vorstellen
zB "Woher behauptest du, zu kommen - überprüfen kann ich es
ja nicht!" - Ich kann mir diese sonderbaren obliquo-Formen
sonst nicht erklären, es sei denn, man billige den entsprechenden Fragepartikeln fakultative Umkehr-Funktion zu[4]. -

Die verbleibenden unerklärlichen Abweichungen haben unter
sich nur gemeinsam, daß es sich ohne Ausnahme um obliquo-Formen handelt: עשה 1Kön 7,8; גדל Jes 44,14; דבר Ijob 2,10; ילד
3,3; גנב 4,12; סמר 4,15; בוא Ps 78,29; נחם 78,72.

---

4 Vgl die Beobachtungen am waw conversivum unten im Anhang 4 a.

11. Ergebnis und Folgerungen

Auf **Tabelle 17** sind die *eigentlichen Abweichungen* von der Theorie eingetragen. Die *Kursivzahlen* geben das prozentuale Verhältnis zu den absoluten Werten von Tabelle 3 an. Es sind also auch je die Belege von c- und w-Formen in Rechnung gezogen.

Was schon Tabelle 16 nahelegte, bestätigt sich hier: von der Theorie abweichende Interpretationen bei G und L haben nicht primär sprachliche, vielmehr literarische Ursachen. Es gibt leichter und schwieriger zu interpretierende Texte, solche die mehr und weniger störanfällig sind. Dies verdeutlicht sich zusätzlich, wenn wir die eigentlichen Abweichungen zB bei Jes und Ijob auf die einzelnen Kapitel und Verse aufteilen:

Jes 1,21
    2,8
    3
    4
    5,16.27(2x)·
    6
    7
    8
    9,1.2.19
    10,7(2x).13.14.29(3x)
    11
    12
    13
    14,8.19.24
    15,6(3x).9
    16,8
    17
    18,5
    19,8
    20

Jes 21
    22,7(2x).9
    23
    24,4(2x).6(2x).7(3x).9(2x).
       10.12.14.19(3x).20
    25,8(2x).9.12(2x)
    26,5.10.11.15(2x).17.18
    27
    28,9(2x).15
    29,1.10
    30,4.5.32
    31,4(2x)
    32,14(3x)
    33,7.8.14.23(4x)
    34
    35
    36
    37
    38.12(2x).13(2x)
    39,3.7

Jes 40,13.14.18(2x).21.25.27   Jes 57,4(3x).11(2x).16
    41,5.24.26   58,3.5.6.11
    42,9.14(3x).16(2x).20(2x).   59,5.9(2x).10(3x).11.14(2x)
       25   60,4.9
    43,14   61,10
    44,11.12(3x).13(2x).14.15.   62
      18.19(2x)   63,7.13.14.17.19
    45,4.5.16(2x).23   64,3.4.5.11
    46,2.5.11(2x)   65,16(2x)
    47,9.14.15   66,8(2x).9
    48,6.11.14.21
    49,5.13   Ijob 1,7
    50,7   2,10(2x)
    51,3(2x).6.12.16   3,3.11.12.17.20.24
    52,7.10.14.15(2x)   4,3.4.11.12.15.16(3x).18.
    53,7(2x).12   19.20.21(2x)
    54,4(2x).8   5,16.17.18(2x).20.23
    55   6,10.15.18
    56   7,4.12.17.21

Wäre uns ein grundsätzlicher (methodischer oder theoretischer) Fehler unterlaufen, so müßten die Abweichungen sich nach dem Zufallsprizip auf die einzelnen Kapitel verteilen. Stattdessen zeigen sich selbst bei diesen als besonders störanfällig auffallenden Texten noch leere Strecken, andererseits eigentliche Nester von Abweichungen bei bestimmten Kapitel- oder gar Versgruppen. Damit ist der statistische Beweis erbracht: die eigentlichen Abweichungen haben mit der Grammatik nichts zu tun; ihre Ursache ist im *literarischen Inhalt* der einzelnen Texte zu suchen. Methodisch haben sich G und L als überraschend zuverlässige Informanten für das Verständnis des hebr. Tempussystems erwiesen.

Da zudem mit verschwindend wenigen Ausnahmen die eigentlichen Abweichungen sich auch durchaus gemäß der Theorie interpretieren lassen, *darf die hier vertretene Theorie vom hebr. Tempussystem grundsätzlich als bewiesen gelten.*

Gerechtfertigt haben sich damit auch die da und dort notwendig gewesenen text- und literarkritischen Eingriffe in das Untersuchungsmaterial.

Das *Ergebnis* läßt sich wie folgt zusammenfassen:

a) recto

- Die Formen c-pref, x-,w- und o-suff sind in ihrer Tempusfunktion identisch und untereinander austauschbar, soweit
ihre Stellung im Satz dies zuläßt.
- Während c-pref und x-suff den weitaus überwiegenden Anteil
an den recto-Vorkommen ausmachen, sind w-suff und o-suff dem-
gegenüber ein eher sparsam verwendetes Stilmittel mit Schwer-
gewicht auf poetischen Texten.
- Das Überwiegen des c-pref in den erzählerischen Texten macht
wahrscheinlich, daß es von Haus aus *das* Erzähl-Tempus (Narrativ) ist. Es teilt diese Funktion aber mit den anderen recto-
Formen, wie es andererseits auch an den übrigen Inhalten von
recto teilnimmt.
- Die recto-Formen weisen folgenden *Anwendungsbereich* auf:
1. Sie stehen in erster Linie bei der Nennung von Ereignissen
und Handlungen, die in der Vergangenheit geschehen sind, dem
Erzähler also als *Faktum* vorliegen.
2. Sie können (müssen aber nicht obligatorisch[1]) stehen als
futurum exactum für abgeschlossene Ereignisse und Handlungen
in der Zukunft (analog zum dt. Perfekt).
3. Abweichend von unserem dt. Sprachempfinden steht recto auch
als Ausdruck des *Irrealis*.
4. Ob die Zeitstufe Gegenwart auch der Intention von hebr.
recto entspricht, läßt sich nicht mit Sicherheit ausmachen.
Die Tatsache, daß die entsprechenden Fälle in der Regel auch
ungezwungen präteritisch verstanden werden können, daß Hebr.
andererseits im nicht-finiten Ausdruck die Möglichkeit hat
(und davon Gebrauch macht), den präsentischen Bezug zu signa-

---

1 Vgl dazu Anhang 4 i.

lisieren, macht das eher unwahrscheinlich.

5. Sprachlogisch für die Wahl der recto-Form entscheidend ist
der direkte Bezug zur angesprochenen Realität. Dies trifft
auch für den Irrealis zu, der im Hebräischen offenbar am direkten Realitätsbezug der Verneinung teilnimmt.

b) obliquo

- Auch die Formen c-suff, x-, w- und o-pref sind in ihrer
Tempusfunktion identisch und untereinander austauschbar, soweit ihre Stellung im Satz dies zuläßt.

- Die häufigste Form ist x-pref, mit bedeutend größerem Abstand als auf der recto-Seite von der c-Form gefolgt. Im Unterschied zu recto scheint hier die Wahl zwischen x-pref und
c-suff nicht von der Gattung, sondern vermehrt vom individu-
ellen Schreibstil des Autors[2] abzuhängen. Das Gleiche gilt
von w-pref, das im Schnitt immerhin 5mal häufiger belegt ist
als das parallele w-suff. Lediglich beim seltenen o-pref ist
eine Konzentration auf poetische Texte zu beobachten.

- In den Übersetzungen G und L läßt sich für c-suff ein Überwiegen von fut feststellen.

- Für die obliquo-Formen gibt es folgende *Anwendungsbereiche:*

1. *Modal* als Ausdruck des Könnens, Wollens, Müssens etc.

2. *Futur*, das sich auch in unserer Sprache als Sonderfall des
modalen Ausdrucks verstehen läßt. - Wenn das Gewicht auf der
noch ausstehenden Handlung liegt, kann auch fut II in der obliquo-Form stehen.

3. *Potentialis* und die verwandten Ausdrücke des (noch-)nicht-

---

2 oder vom "Modestil" bestimmter Zeiten oder Gruppen? Die Auszählung des
  Verhältnisses zwischen den obliquo-Formen könnte jedenfalls ein brauch-
  bares Hilfsmittel für eine möglichst objektive Literarkritik, vielleicht
  sogar für eine diachronische Aufschlüsselung der bibl. Texte abgeben!

Sicheren, Bedingten, Angestrebten, Erwünschten.

4. *Consuetiv* ("pflegt(e) zu ..., wer, wann, wo immer ..."),
der sich erstaunlich scharf gegen den Iterativ ("immer,
wenn ..." + recto) abhebt.

5. Bei der (meist vorwurfsvollen) *rhetorischen Frage* scheint
Hebr. mit der obstinaten Wahl von obliquo einen Dubitativ zu
signalisieren: "müßt ihr denn unbedingt ...".

6. Grundsätzlich steht obliquo überall dort, wo *modifiziert*
über Ereignisse und Handlungen gesprochen wird. In Abweichung
von unserem Sprachempfinden kann das sogar bei den modalisierenden Verben selbst der Fall sein. Andererseits ist die hebr.
Grammatik gegenüber dem "Konjunktiv der fremden Meinung" un-
empfindlich, indem sogar die indirekte Rede (oratio obliqua)
keineswegs die obliquo-Form verlangt, soweit das nicht anderweitig gefordert ist.

c) zum hebräischen Tempussystem im Gesamten

Das Phänomen der Conversiv-Formen ist nur im Bibel-Hebräischen und seinem direkten Umkreis (wozu auch das sog. Moa-
bitisch der Mesa-Stele zu rechnen ist) belegt. Wie weit sie
sich im mündlichen Ausdruck phonetisch differenziert haben
mochten, kann dahingestellt bleiben. Im schriftlichen Aus-
druck des KT werden c-pref|w-pref und c-suff|w-suff je so-
fort zu Homonymen für oppositionelle Funktion. Bei den hier
erfaßten Texten machen diese Homonyme rund ein Viertel aller
Belege aus. Die damit gegebene Interpretations-Unsicherheit
mag bei leicht verständlichen Erzähl-, Beschreib- oder Gesetzestexten kaum ins Gewicht fallen. Sie wird aber spürbar
bei schwieriger verständlichen poetischen und vor allem bei
prophetischen Texten, wo die vom Tempussystem her sonst
grundsätzlich gesicherte Scheidung zwischen den Zeitstufen

Vergangenheit und Zukunft vom Inhalt her oft eben gerade
nicht klar ist. Bei ausreichend großen literarischen Einheiten wird es aber auch hier nicht schwerfallen, anhand unzwei-
deutiger x- und o-Formen das intendierte Tempus doch noch zu-
verlässig zu bestimmen. Es ist dabei nicht ausgeschlossen,
daß diese "Unsicherheit auf Anhieb" hier oft ein bewußt an-
gewandtes Stilmittel ist, um die wahre Intention des Autors
über eine Spanne hinweg in der Schwebe zu halten.

Wenn wir in der These *recto* als *indikativisch, obliquo* hingegen als *modal-futurisch* definiert haben, so entspricht das
dem Befund, wenn wir

a) bei "indikativisch" das nach der lat. Grammatik indikativische Futur ausklammern und

b) den an sich schon vieldeutigen Ausdruck "modal" als Rest-
kategorie auf alle Fälle ausdehnen, wo die hebräische Grammatik (teilweise für uns nicht mehr nachvollziehbar) eine Mo-
difizierung der Aussage versteht[3].

Damit ist ein ganz einfaches Tempussystem erarbeitet, das
mit einem Minimum an Ausdrucksmöglichkeiten eine erstaunli-
che Fülle von stilistischen und funktionellen Schattierungen
ermöglicht, ohne dabei letztlich diffus zu werden. Für den
Grammatiker und Sprachtheoretiker mag es interessant sein,
die hier notgedrungen oft nur angedeuteten Linien weiterzuverfolgen und noch weitere Feinheiten herauszuarbeiten. Für die
praktische Bibelarbeit aber bleibt zu hoffen, daß auch in unserer Sprache wieder Bibelübersetzungen entstehen, die mit
dem flachen Präsens sparsamer umgehen und aufgrund kompetenter Tempusbestimmung am Hebräischen die Möglichkeiten der Re-
liefgebung unserer eigenen Sprache besser ausschöpfen, als
dies in der EÜ der Fall ist.

---

3 Bei richtigem Verständnis ließe sich auch auf das Beiwort "futurisch"
verzichten. Da Futur aber doch auf weite Strecken die adäquate Übersetzung von obliquo ist, möchte ich es doch beibehalten.

V. DETAILUNTERSUCHUNGEN

Anhang 1

Die morphologische Opposition Langform vs Kurzform

In der neueren Literatur zur hebr. Tempus-Lehre wird der in
der *Präfixkonjugation* gelegentlich zu beobachtenden morpho-
logischen Differenzierung in Langform (LF) und Kurzform (KF)
vermehrt Beachtung geschenkt[1]. Wenn wir bis jetzt diese Differenzierung vernachlässigt haben, so will das begründet
sein.

Im KT unterscheiden sich LF und KF lediglich bei den Verben
vom Typ qaṭaY[2], und auch hier nur in den Personen 1 sg, 2m sg,
3m sg, 3f sg und 1 pl, wenn die Verben ohne suffigiertes Personalpronomen stehen. Die damit gegebene Eingrenzung des Belegmaterials gibt uns die Möglichkeit, an einem repräsentativen Querschnitt dieses Phänomen zu beobachten, indem wir
anhand der Konkordanz sämtlichen Belegen nachgehen, wo bei
qaṭaY-Verben einschlägige Verbformen sowohl als LF wie als
KF belegt sind.

a) recto (c-pref)

Wenn wir die drei Fälle ausscheiden, wo weder G noch L eine

---

1 Vgl W. RICHTER, Grammatik I 99-101 mit Literatur.
2 Ich folge hier der Teminologie von RICHTER; nach der traditionellen
  Grammatik sind es die Verben Ultimae he bzw yod.

brauchbare Interpretation bieten (בנה Neh 3,38 G -/L -; זנה

Jes 57,3 G nom/L nom; ראה Ez 18,28 G -/L pt), verbleiben uns

genau 100 Belege von LF. Auf <u>Tabelle 18</u> sind sie auf die ent-

sprechenden Tempus-Formen von G und L aufgeteilt.

In Tabelle 4 haben wir nun ausgezeichnete Vergleichswerte,

von denen wir annehmen können, daß sie in erster Linie durch

KF bestimmt sind, da die Vorkommen von c-pref LF gesamthaft

eine verschwindende Minderheit darstellen[3]. Im Einzelnen sind

die Differenzen zwischen Tabelle 18 und Tabelle 4 so wenig

signifikant, daß jedenfalls nicht von unterschiedlichem In-

halt bei LF und KF gesprochen werden kann. Einzig bei den

fut/fut-Abweichungen schneidet Tabelle 4 deutlich schlechter

ab, was sich aber unschwer von da her erklären läßt, daß das

für diesbezügliche Interpretationsschwierigkeiten besonders

anfällige Jesaja-Buch dort rund die Hälfte des untersuchten

Textmaterials ausmacht, während es hier nur mit zwei Belegen

beteiligt ist.

Die Verteilung auf die 4 Blöcke zeigt nur unwesentliche Dif-

ferenzen zwischen KF und LF:

	A	B	C	D	
Tabelle 4	93,9	2,0	1,3	2,8	%
Tabelle 18	91	2	2	5	

Ein Trend zu einer bestimmten Sonderfunktion von LF läßt

sich innerhalb dieses Rasters nicht ablesen.

Signifikante Schwankungen zeigen sich jedoch, sobald wir

die Belege von LF auf die einzelnen *Personen* verteilen und

das Resultat vergleichsweise einmal dem Gesamt der Belege

von עשה pref gegenüberstellen (folgende Seite). Hier zeigt

sich: Besonders "anfällig" für LF sind 1 sg und 3f sg, wäh-

rend die Verhältniszahlen für die anderen Personen ganz ra-

---

3 Von den im KT eindeutigen qaṭaY LF sind dort lediglich 5 Fälle miterfaßt, was mit einem Anteil von knapp einem halben Prozent statistisch
  vernachlässigt werden darf.

	1 sg	2m sg	3m sg	3f sg	1 pl
עשה (total pref)	97	135	374	15	40
qaṭaY LF	49	5	33	8	7
Verhältnis	$\frac{100}{50,5}$	$\frac{100}{3,7}$	$\frac{100}{8,8}$	$\frac{100}{53,3}$	$\frac{100}{17,5}$

pide absinken. Dieser Befund müßte vielleicht sprachgeschichtlich in einem größeren Zusammenhang interpretiert werden. Auf
einen Unterschied in der Tempusfunktion läßt sich aber ganz
sicher nicht schließen, da dieser kaum an bestimmte Personen
gebunden sein kann.

Daß andererseits die Wahl von LF wohl eher aus dem persön-
lichen Schreibstil des einzelnen Verfassers, vielleicht sogar diachronisch erklärt werden muß, zeigt die Verteilung von
qaṭaY LF auf die verschiedenen Bücher des AT, die signifikante Häufungen aufweist:
Kein Beleg in Ex, Lev, Num, Rut, Est, Klgl, Joel, Obd, Jona,
                Mi, Nah, Zef, Hag, Mal;
je ein Beleg in Ri, Esr, Hos, Am, Hab;
je 2 Belege in 1Chr, Ijob, Spr, Jes;
je 3 Belege in Gen, Dtn, 2Chr, Ps (69); Dan;
je 4 Belege in Jos, Sach;
je 6 Belege in 1Sam, 2Sam, Neh;
9 Belege in 2Kön;
11 Belege in Ez;
13 Belege in 1Kön;
15 Belege in Jer.

Für eine zuverlässige Auswertung ist das statistische Material aber entschieden zu wenig umfangreich.

        b) obliquo (x-pref, w-pref, o-pref)

Um eine zuverlässige Vergleichsgrundlage zu haben, habe ich

bei allen Formen von qaṭaY, wo KF belegt ist, auch sämtliche Belege der LF analysiert und die beidseitigen Ergebnis-
se einander gegenübergestellt. Das Resultat (Tabelle 19) zeigt
sofort einen deutlichen Trend von LF zu fut, von KF hingegen zu Ausdrücken der Willensäußerung (G imp, opt; L präs conj
als Form des Adhortativ und Prohibitiv). Sehr auffällig ist
hier, daß die sonst eher seltenen Belege von KF bei w-pref
und o-pref sogar leicht überwiegen. Der Vergleich im größeren Rahmen mit den Werten von Tabelle 3 bestätigt diese Beobachtung:

	x-pref	w-pref	o-pref
Tabelle 3	1659	188	164
KF Tabelle 19	82	77	63
Verhältnis	$\frac{100}{4,9}$	$\frac{100}{40,9}$	$\frac{100}{38,5}$

   In dem Zusammenhang sei auch nochmals darauf hingewiesen,
daß Tabelle 8 ein deutliches Überwiegen von fut bei c-suff
gezeigt hat. Wie weit diese Beobachtungen sich vielleicht
sprachgeschichtlich auswerten lassen, muß hier dahingestellt
bleiben.

   Die Abweichungsquote ist auch in Tabelle 19 durchwegs nied-
rig und läßt zwischen LF und KF keinen Unterschied deutlich
werden.

   *Damit ist bewiesen, daß die morphologische Opposition LF
vs KF die uns hier primär interessierende funktionelle Opposition recto vs obliquo jedenfalls nicht tangiert, daß wir
sie also mit Fug vernachlässigen konnten.*

Anhang 2

Das Tempus in den Eigentexten von Qumran

Die Behauptung, daß jedenfalls die Septuaginta zu einer
Zeit und in einem Umkreis verfaßt wurde, wo es noch kompetente Leser / Schreiber des biblischen Hebräisch gab, gehört zu
den wichtigsten methodischen Prämissen dieser Arbeit. Wären
den Übersetzern schwerwiegende und grundsätzliche Irrtümer
in der Interpretation des hebr. Textes unterlaufen, so wären
sie von kompetenter Seite korrigiert worden. In dieser Behauptung habe ich mich auf die früher unglaubliche Tatsache
gestützt, daß um die Zeitenwende in Qumran immer noch bib-
lisch-hebräische[1] Literatur produziert wurde. Hier ist nun
der Ort, aufgrund der aus den biblischen Texten gewonnenen
Einsichten und Beobachtungen die Gegenprobe zu machen und
damit unsere Prämisse zu verifizieren.

Dies soll an den zwei größten zusammenhängenden Textstücken
aus Qumran geschehen, der "Gemeinderegel" 1QS und der "Kriegs-
rolle" 1QM. Ich benütze dazu die Ausgabe und deutsche Übersetzung[2] von E. LOHSE[3].

In nur (!) einem Fall muß ich aufgrund meiner Theorie die

---

1 Wie weit das Qumran-Hebräisch in Orthographie, Wortwahl und nicht zuletzt in Anbetracht des für das Mischna-Hebräisch charakteristischen
Überhandnehmens des nominalen Ausdrucks noch als klassisches Bibelhebräisch angesehen werden darf, steht hier nicht zur Debatte, da es uns
lediglich um die Tempuswahl im finiten Ausdruck geht.
2 Wie sich bald zeigen wird, fällt es erstaunlicherweise kaum ins Gewicht,
daß wir im Fall der Eigentexte von Qumran auf keine altsprachliche Übersetzertradition zurückgreifen können.
3 Die Texte aus Qumran, Darmstadt 1971 (2. Auflage).

Vokalisation von LOHSE korrigieren: 1QS III,24 עוד muß nominal עֹד gelesen werden. Im verbalen Ausdruck wäre auch eher
ein Plural zu erwarten. Eine recto-Form ist hier jedenfalls
nicht verständlich.

Die finiten Verben verteilen sich wie folgt[4]:

	1QS		1QM		(Dtn 12f)
c-pref	6	*1,5*	5	*1,6*	*(1)*
x-suff	59	*15,2*	45	*14,3*	*(12)*
w-suff	–		–		–
o-suff	2	*0,5*	2	*0,6*	–
total recto	67	*17,3*	52	*16,6*	*(13)*
c-suff	53	*13,7*	76	*24,3*	*(18)*
x-pref	245	*63,1*	180	*57,5*	*(60)*
w-pref	17	*4,4*	3	*1,0*	*(2)*
o-pref	6	*1,5*	2	*0,6*	–
total obliquo	321	*82,7*	261	*83,4*	*(87)*
TOTAL	388		313		

Das Überwiegen von obliquo zeigt an, daß beide Texte in
erster Linie aus modalen bzw futurischen Aussagen bestehen
müssen. Dies entspricht ihrem Charakter als Regel bzw Anwei-
sung für den eschatologischen Krieg, dh jedenfalls als Willensäußerung eines Gesetzgebers.

Der Vergleich mit Tabelle 3 ergibt die deutlichste Affinität zu dem biblischen Gesetzestext Dtn 12f (die entsprechenden Prozentwerte sind hier in Klammer beigefügt). Die durchwegs geringfügigen Differenzen zwischen den drei Texten lassen sich leicht als stilistische Eigenheiten, der leichte
Überhang von recto aus dem gelegentlichen Rekurs der Qumran-

---

4 Kursivzahlen geben die Prozente an. - Die Entscheidung, ob c-suff oder
w-suff zu lesen ist, mußte ich auch hier wieder aufgrund der aus der
Übersetzung ersichtlichen Funktion notwendig selbst treffen, während
ich mich für die Scheidung zwischen c-pref und w-pref konsequent an
die Vorentscheidung von LOHSE halten konnte.

texte auf die Geschichte erklären.

Damit dürfte der grobe statistische Beweis erbracht sein:
Das Qumran-Hebräisch folgt im Gebrauch der Verbformen den
gleichen Gesetzmäßigkeiten wie das klassische Bibel-Hebräisch
von Dtn 12f.

Die Interpretation der recto- und obliquo-Formen[5] in der
Übersetzung von LOHSE ergibt folgendes Bild (Abweichungen
von unserer Theorie sind *kursiv* aufgeführt; Präsens wird vorerst grundsätzlich als Abweichung betrachtet):

	1QS recto	1QS obliquo	1QM recto	1QM obliquo
Perfekt (Plqpf)	47	*4*	35	
Imperfekt	6		11	
Präsens	*12*	*91*	*6*	*125*
Konjunktiv[6]		18		7
Modalverb[7]		193		105
Futur		15		14
Imperativ				10

Das Ergebnis spricht eine Sprache, wie sie deutlicher nicht
gewünscht werden kann:

Außerhalb von Präsens sind nur 4 Abweichungen zu verzeich-
nen. In drei Fällen (כלה 1QS VI,10; דרש VI,17; רום X,15) handelt es sich um *defektives fut II* in der deutschen Übersetzung
(zB "bevor sein Bruder aufgehört hat" statt: "aufgehört haben
wird"). Im vierten Fall (עשה VIII,24) kommt in der deutschen

---

5 Da als erwiesen gelten kann, daß die verschiedenen "Formen" der recto-
bzw obliquo-Seite in ihrer Funktion grundsätzlich identisch sind, wird
hier auf eine weitere Aufschlüsselung verzichtet.

6 adhortativ, zB 1QS II,2ff "er segne dich ... und behüte dich ..."; prohibitiv V,14 "damit er nicht ... auflade"; ferner als einziger Fall
konjunktivischen Ausdrucks für den Potentialis 1QM X,8 "wer ist ... der
es deinen großen Werken gleichtäte".

7 Mit Modalverb konstruierte Sätze, zB 1Qs II,18 "Und alle ... sollen antworten"; II,15 "Es mögen ihm anhaften"; III,1 "unter die Rechtschaffe-
nen darf er nicht gerechnet werden"; IV,18 "sie können nicht gemeinsam
wandeln" u.ä.

Übersetzung der hebr. intendierte *Potentialis* nicht zum Ausdruck ("wenn er aus Versehen gehandelt hat", korrekter: "gehandelt haben *sollte*"). Es handelt sich hier also durchwegs
um *uneigentliche Abweichungen!*

Die sehr große Zahl[8] der *Präsensbelege* andererseits läßt
vermuten, daß auch in dieser Übersetzung dt. Präsens synkretisch für recht verschiedene Aussagen steht. Die Detailuntersuchung bestätigt dies:

a) Präsens für recto

Gut oder besser *perfektisch* verstehen läßt sich hebr. recto
in 13 Fällen, zB ידע 1QS IV,25; V,19; X,16; 1QM X,16; XVIII,10
"er weiß", dh hebr. "er hat verstanden". Es bleiben einzig 5
Fälle, wo eine perfektische Übersetzung eine starke Spannung
in den Text brächte: תעב und שוא 1QS IV,1 (wo man spontan Futur oder Consuetiv erwarten würde); יכל XI,20; דרך und קום
1QM XI,6 (Zitat aus dem Bileam-Orakel Num 24,17). Gerade im
letzten Fall, wo schon G und L (und beim zweiten Verb auch der
MT) harmonisiert haben, kann man sich fragen, ob man nicht
füglich die Spannung stehen lassen sollte, statt nach Erklä-
rungen für die abweichende Form zu suchen.

b) Präsens für obliquo

- 30 Belege sind aus dem Kontext deutlich als *futurisches
Präsens* signalisiert, zB ריב 1QS IV,23 "*bis dahin* kämpfen
die Geister", korrekt: *werden* sie kämpfen.
- Weitere 24 Belege sind gut oder besser *futurisch* zu verste-

---

8 Zufälligerweise hat LOHSE genau ein Drittel aller finiten Verben präsentisch übersetzt.

hen, zB 1QM I,6 "es fällt Assur ... die Herrschaft der Kittäer
weicht" (es ist von einem endzeitlichen Geschehen die Rede!).
- *Modal* verstanden werden müssen 84 Präsensbelege. 81 davon
stammen aus 1QM, wo LOHSE aus keinem anderen ersichtlichen
denn *stilistischen Grund* die ermüdende Konstruktion mit "sollen" oft auf weite Strecken unterbricht und mit dem flüssige-
ren Präsens weiterfährt, zB XVI,3ff "diese Ordnung sollen sie
üben ... danach blasen die Priester ... man öffnet die Tore ...
es rücken die Männer aus ...".
- Einen deutlichen *Consuetiv* habe ich in 18 Fällen gefunden,
zB 1QS III,6-8.
- Einen *Potentialis* lese ich in den verbleibenden 57 Belegen
(alle 1QS). In 55 Fällen handelt es sich um den Konditiona-
lis von Rechtssätzen: "wenn das und das ist", korrekter konjunktivisch: "angenommen, es *sei* das und das" (ab VI,24). -
Die anderen beiden Fälle sind שקר VI,24 und שפט X,13. - So
verbleibt hier kein einziger Fall, der nicht in den für hebr.
obliquo abgesteckten Horizont füglich hineingehörte.

Insgesamt sind uns also aus diesen beiden Qumran-Texten
5 Belege (oben bei recto) übriggeblieben, die unserer Theorie ernstlichen Widerstand entgegensetzen. Ziehen wir davon
die beiden Fälle aus dem biblischen Zitat ab, so ergibt sich
für das Qumran-Hebräische eine Abweichungsquote von 0,43%,
was fast genau der Quote von unerklärlichen Abweichungen bei
den biblischen Texten entspricht. Damit darf der Beweis als
schlüssig angesehen werden: *Im Tempus-System ist das Qumran-
Hebräisch mit dem Bibel-Hebräischen identisch.*

c) Schlußbemerkung

Es überrascht sicher, mit welcher Griffsicherheit - abgesehen von dem im modernen Deutsch breiten Diffusbereich des

Präsens - in der Übersetzung von LOHSE die hebr. recto- und
obliquo-Formen interpretiert werden, obgleich hier die Hilfe
einer präsumptiv kompetenten alten Übersetzung empfindlich
fehlt. Besonders hervorgehoben will sein, daß ihm in der keineswegs selbstverständlichen Scheidung zwischen c-pref und
w-pref mE kein einziger Fehler unterlaufen ist. Dies zeigt
mit aller nur wünschenswerten Deutlichkeit, daß die Tücken
des hebr. Tempussystems, wie sie besonders in der Homonymie
(im KT) von c- und w-Formen zutage treten, in erster Linie
ein theoretisches Problem sind, die damit verbundene Unsicherheit und Ambivalenz in der praktischen Übersetzungsarbeit
aber kaum ins Gewicht fallen, vollends vom kompetenten Leser/
Hörer des Hebräischen wohl überhaupt nicht bemerkt worden
sind. Akut wird das Problem erst bei fragmentarischen Kleinen
Einheit und beim Verdacht auf Textkorruption. Hier wird das
solide theoretische Rüstzeug unerläßlich, wenn man nicht der
Versuchung des Harmonisierens und Verwischens erliegen will.

Hochinteressant ist übrigens die Gegenprobe, wenn man mit
den hier erarbeiteten Einsichten ins hebr. Tempus die hebräische NT-Übersetzung von Delitzsch liest - und tadellosem
Bibel-Hebräisch begegnet. Was sich schon bei L gezeigt hat,
bestätigt sich hier: Das Philologisch-Mögliche, verbunden mit
einem erklecklichen Quantum Einfühlungsvermögen in den Geist
der fremden Sprache ermöglicht eine Sprachkompetenz, die sehr
nahe an die eines geborenen Informanten herankommt. Erst stu-
re Prinzipienreiterei aufgrund oft recht ungesicherter "neu-
ester Erkenntnisse" verbaut den Zugang zur Realität einer
organisch gewachsenen Grammatik. Dies mag auch den hier gewonnenen Einsichten gegenüber zu kluger Vorsicht mahnen.

"Suffigalformen mit futurischer Aussage"

L. McFALL[1] bringt als Appendix 4 eine bis 112 durchnumerier-
te Liste von insgesamt 132 Fällen, wo bestimmte Verben in der
suff-Form *futurisch*, anderswo in der gleichen Form perfektisch
belegt sind. Mit dieser Liste will ausgesagt werden, daß hebr.
suff wahllos für Präteritum wie für Futur stehen kann. Dies
nach Ausweis *der englischen Übersetzung RSV*[2]!

Diese Übersetzung in Ehren, aber wenn wir nachprüfen, wie
G und L diese angeblich futurischen Belege interpretieren, so
ergibt sich bald eine recht veränderte Lage der Sache (Prozente kursiv):

G \ L	perf	–	conj	fut
aor	52 *39,4*	1 *0,8*	1 *0,8*	11 *8,3*
–	5 *3,8*	(2) *(1,5)*	1 *0,8*	4 *3,0*
conj	2 *1,5*		7 *5,3*	2 *1,5*
fut	18 *13,6*	2 *1,5*	1 *0,8*	23 *17,4*

In fast 40% der Fälle besteht
Übereinstimmung: das Verb *muß* –
gegen RSV - präteritisch verstanden werden. Bei weiteren 29% at-
testiert wenigstens eine dieser
Übersetzungen, daß das Verb auch
durchaus präteritisch verstanden
werden *kann*. Was übrig bleibt,
sind 40 Belege, wo G und L sich für Konjunktiv oder Futur entschieden haben. Dies sind auf ein Total von 13 874 suff-Bele-
gen in der ganzen Bibel[3] noch knapp 0,3%. *Das* ist die Reali-

---

1 The Enigma of the Hebrew Verbal System, The Almond Press 1982.
2 Der Autor gibt hier keine bibliographische Angabe, sowenig wie bei der
  statistischen Auswertung dieser Übersetzung, auf die er sich bezieht.
3 ebd. Appendix 1.

tät, die zu Schlüssen berechtigen kann - oder auch nicht.
Statt sich durch die lange Liste beeindrucken zu lassen, ist
es besser, sich zu fragen, was da geschehen ist.

Wie sich schon im Hauptteil gezeigt hat, besteht gerade in
der Ideologie über die noch ausstehende (G) bzw verpaßte (L)
Heilszusage zwischen diesen beiden Übersetzungen streckenweise eine beträchtliche Spannung. Bei den obigen Belegen G fut/
L perf handelt es sich denn auch ausschließlich um solche Fälle! - Bei Jes 33,5 (Nr. 95) zB steht nun der Übersetzer vor
der Frage, ob die Aussage, daß Jahwe Jerusalem mit Recht und
Gerechtigkeit erfüllt, sich auf die Vergangenheit oder auf
die (eschatologische) Zukunft bezieht. Für L ist hier Vergangenheit bei recto keine Frage, und selbst G kann sich dazu
durchringen, den Satz aoristisch zu interpretieren. Anders
die Übersetzer von RSV. Nach ihrem Ermessen - und andere Gründe lassen sich dafür nicht beibringen - handelt es sich um
eine futurische Aussage. Ein solcher Ermessensentscheid gegen alle alte Übersetzertradition ist nur zulässig, wenn man
davon ausgeht, daß die hebräische Grammatik formal zwischen
Vergangenheit und Zukunft nicht unterscheiden kann. Von da
her dann mit McFALL zu schließen, daß sie das *tatsächlich*
nicht kann, ist ein logischer Zirkelschluß.

Interessehalber wollen wir wenigstens kurz diese 40 Stellen
examinieren, die nach dem Diagramm unserer These zu widerspre-
chen scheinen:

- Durch או an c-suff angeschlossenes suff: מכר Ex 21,37; שבר,
שבה 22,9; מות 22,13. Erstaunlicherweise scheint או hier das
conversiv-Tempus weiterzuführen! Ich werde im Anhang 4 a aus-
führlicher auf dieses Phänomen eingehen.

- Die suff-Form als *fut II* zu verstehen ist: רחץ Jes 4,4; כלה
Dan 11,36; שלם Jes 65,6; עשה 55,11.

- BHS schlägt eine *Korrektur* vor: היה 1Sam 1,28; יתר 2Sam 17,
12; הלך 2Kön 20,9; פדה Ps 55,19; ראה Lev 9,4; היה Ez 13,11.

- Nach Ausweis von BHS liegt eine *Textkorruption* vor bei אמר
Jes 45,24. - Fälle, wo BHS aufgrund von G oder L den hebr.
Text restauriert, sind: ראה Ps 102,17; פזר, בוש Ps 53,6.
- Aufgrund der Textüberlieferung von *Qumran* korrigiert wer-
den können: נוח Jes 28,2; היה 14,24; נגע 25,12; נתן 34,2
(G inf/L perf); כסה Jes 51,11 (G aor/L fut).
- *Haplographie* des י ist möglich: נחם Jes 51,3; נוח Ps 108,11.
- *Nominale Lesung des KT* durchaus möglich ist: מות 2Kön 7,3;
ראה Ps 10,11; מלך Jes 24,23, sowie bei den nif'al-Formen מלט
Spr 11,21; עשה Dan 11,36; קרא Jer 44,26.
- Eine besondere Rolle spielt offenbar נתן Gen 15,18; 17,16;
23,13 im Rahmen einer Verheißung. Ich werde unten im Anhang
4 b diesem eigenartigen Tempusverhalten von נתן systematisch
nachgehen.

So bleiben von den 132 angeblich futurischen Belegen von
suff noch genau 10 übrig[4], wo die Form textkritisch und inhaltlich unanfechtbar ist und das Verb nach Auskunft von G
und L sich gegen eine präteritische Deutung sträubt. Im Verhältnis zum Gesamt der suff-Vorkommen im AT ist das weniger
als ein Promille, eine Größe also, die besser nicht im Zusammenhang mit generalisierenden Aussagen über grammatikalische Gesetzmäßigkeiten zur Sprache kommen sollte.

---

4 סור Jes 18,5; בזז 33,23; שחח 25,12; קרא Jer 31,6; רעה 6,3; נפל 51,49;
שמד Ps 37,38; אבד Ijob 11,20, sowie דרך Num 24,17 und לקח 1Sam 2,16,
die beide unten im Anhang 4 h aber nochmals zur Sprache kommen werden.

Anhang 4

Das Tempusverhalten verschiedener Partikel

Im Verlauf dieser Arbeit wurde öfters auf diesen Anhang 4 verwiesen. Hier ist der Ort, bestimmten hebr. Partikeln, die uns verschiedentlich problematisch geworden sind, systematisch nachzugehen.

Mein erster Verdacht war, daß es, analog zu dem aus der Grammatik der klassischen Sprachen geläufigen Phänomen, auch im Hebräischen Partikel geben könnte, die einfach *obligatorisch* mit einer bestimmten Tempus- oder Moduswahl verbunden sind, und dies auch in Fällen, wo das für unser Sprachempfinden nicht mehr nachvollziehbar ist[1].

Um es gleich vorwegzunehmen: Dieser Verdacht hat sich nicht bestätigt. Die systematische Überprüfung dieser Partikel auf ihr Tempus-Verhalten hin hat aber zu reizvollen und anregenden Beobachtungen und Fragestellungen geführt. Ich könnte mir vorstellen, daß gerade von hier aus ein ergiebiger Einstieg für die feinere Entwicklung des hier immer noch recht grob gebliebenen Tempus-Systems des biblischen Hebräisch zu finden sein müßte.

---

1 Ich denke da zB an das lateinische cum, das obligatorisch den Konjunktiv verlangt, und zwar sogar im Fall des cum historicum, wo es doch letztlich um eine Form des Narrativ geht, ein Konjunktiv nach unserem Empfinden also recht fehl am Platz ist.

a) אֹו und das Phänomen des *waw conversivum*

Der Anhang 3 hat uns um eine interessante Beobachtung be-
reichert: daß die Konjunktion אֹו offenbar nicht als gewöhn-
liches x zu gelten hat, sondern das vorangehende conversiv-
Tempus weiterführt. Die Beispiele oben sind:

- Ex 22,9 וּמֵת אֹו־נִשְׁבַּר אֹו־נִשְׁבָּה "sollte es sterben (c-suff) oder
sich etwas brechen (suff) oder gefangen weggeführt werden
(suff)".

- Ex 21,37 וּטְבָחֹו אֹו מְכָרֹו ... כִּי יִגְנֹב "sollte einer stehlen
(x-pref)... und es schlachten (c-suff) oder verkaufen (suff)".

- Ex 22,13 וְנִשְׁבַּר אֹו־מֵת "sollte es sich etwas brechen (c-suff)
oder sterben (suff)".

Weitere analoge Fälle sind: יָדַע Lev 4,23.28 (textkritisch
nicht einwandfrei); עָשָׂה, מָצָא 5,21f.

Gehen wir nun systematisch den Belegen nach, wo ein finites
Verb mit אֹו angeschlossen wird (sie sind im AT erstaunlich
selten), so erwartet uns eine nicht geringe Überraschung.

Schon der nächste Beleg zeigt die eigenartige Konstellation,
daß der direkte Anschluß von אֹו an sein c-suff durch ein weiteres c-suff und sogar durch die recto-Form x-suff unterbrochen ist, wobei der syntaktische Anschluß aber immer noch besteht: Num 5,14 וְעָבַר ... וְקִנֵּא ... וְהִיא נִטְמָאָה אֹו־עָבַר "sollte über
ihn kommen (c-suff) ... und er eifersüchtig werden (c-suff) ...
da sie sich verunreinigt hat (x-suff), oder sollte über ihn
kommen (suff) ...".

Vergeblich nach einer conversiv-Form, die durch אֹו weitergeführt werden könnte, halten wir bei den nächsten beiden Belegen Ausschau. Das Bezugsverb ist beidemale ein (obliques)
x-pref: Num 30,3: כִּי יִדֹּר ... אֹו־הִשָּׁבַע "sollte er ein Gelübde
tun (x-pref) ... oder schwören (suff)". - Num 35,20: וְאִם ...

יהדפנו ... אֹו־הֹשׁלֹיך "sollte er ihn gestoßen (x-pref) ... oder
geworfen haben (suff)".

Dem Gipfel der Überraschung begegnen wir bei 2Sam 18,13, wo
אֹו in einer eingeworfenen rhetorischen Frage syntaktisch frei
im Raum steht, das Verb aber doch nur als conversiv-Form verständlich ist (Potentialis): אֹו־עֹשֹׁיתֹי בנפשׁו שֹׁקר "Oder hätte
ich heimtückisch an ihm handeln sollen (suff)?" - Hier ver-
dichtet sich der Verdacht zur Gewißheit: Die Konjunktion אֹו
führt nicht einfach ein conversiv-Tempus weiter, sondern *ist
selbst imstande, das darauffolgende Tempus umzukehren!*

Daß das aber nicht obligatorisch der Fall sein muß, zeigen
die drei letzten Belege:

- Num 11,8: שֹׁטֹו ... ולֹקֹטֹו וטֹחֹנֹו אֹו דֹכֹו "sie gingen umher
(o-suff) ... und lasen auf (w-suff) und mahlten (w-suff) ...
oder zerstießen (x-suff)".

- Jes 27,4f: אֹצֹיתֹנֹה ... אֹו יֹחֹזק "ich wollte sie verbrennen
(o-pref) ... es sei denn, man ergreife (x-pref)".

Ijob 13,22: וקֹרֹא ואֹנֹכֹי אֹענֹה אֹו־אֹדֹבֹר והֹשֹׁיבֹנֹי "Rufe (imp), dann
werde ich antworten (x-pref), oder ich will reden (x-pref)
und du gib mir Antwort (imp)!"

Das Ergebnis anhand dieser wenigen erreichbaren Belege ist
ebenso eindeutig wie überraschend: Die Konjunktion אֹו verhält
sich genau wie das geläufige ו, dh sie *kann* das darauffolgende Tempus umkehren, muß es aber nicht.

Diese Beobachtung läßt nun aber einen folgenschweren Rück-
schluß zu: *Wenn auch eine andere Konjunktion Umkehrfunktion
haben kann, dann ist das waw conversivum die geläufige Konjunktion waw und sonst nichts.* Alle Versuche, dieses waw
conversivum sprachgeschichtlich von einem morphologisch dif-
ferenzierteren Signal herzuleiten[2], sind überflüssig, ja es
läßt sich sogar fragen, ob in unserem MT die morphologische

_____

2 Literatur bei RICHTER, Grammatik B II 41 Anm. 174.

Differenzierung bei c-pref nicht eine sekundäre Weiterentwick-
lung der Masoreten sein könnte. Und schließlich und nicht zuletzt steigt hier auf einmal die Frage auf, ob wir uns bis
jetzt nicht zu Unrecht auf das waw fixiert haben, ob grundsätzlich nicht auch andere Partikel in Verdacht kommen müßten, mit dieser fakultativen Umkehr-Funktion behaftet zu sein.
Wir werden uns im Folgenden diese Frage immer wieder stellen.

Wie dem auch sei: Wir stehen beim Hebräischen vor der spie-
lerisch anmutenden Situation, daß eine Sprache ihrer häufig-
sten Partikel die Vollmacht gibt, eine dermaßen einschneidende Operation wie die Tempus-Umkehr zu vollziehen - oder auch
nicht, und zwar einfach so, nach dem freien Ermessen des Autors. Und es zeigt sich, daß dieses System erstaunlich gut
funktioniert, solange der Leser dieses freischwebende Hin und
Her zwischen zwei Oppositionen aushält und mitmacht, daß stu-
res Prinzipiendenken auf ihm aber gradlinig in die Aporie reiten muß. Irgendwie wird hier der Geist der lebendigen Sprache
spürbar, der hinter und jenseits jeder Grammatik steht und
(hier vielleicht echt orientalisch) sich vorbehält, zu wehen
wo und wie er will - wenn es sein muß auch aller struktura-
listischen Oppositionsbeflissenheit zum Ärgernis.

b) כִּי

Die Partikel כִּי ist uns im Hauptteil verhältnismäßig häufig
im Zusammenhang mit Abweichungen begegnet. Aber der Schein
trügt, da es sich hier einfach gesamthaft um eine der häufig-
sten Partikel handelt. Die Statistik bringt den wahren Sachverhalt sofort ans Licht: Insgesamt kommt כִּי in diesen Texten
mit finitem Verb 167mal vor. Davon sind 10 Fälle = 6% Abweichungen belegt (G 2x; L 3x; G/L 5x).

Da nun immerhin der Verdacht besteht, daß wir im Eifer um

ein gutes Endresultat eine mögliche Umkehr-Funktion von כי
textkritisch (Haplo- oder Dittographie des yod) oder sonstwie wegdiskutiert haben könnten, habe ich das Tempusverhalten
dieser Partikel an den umfangreichen, aber weitgehend leicht
interpretierbaren Texten Gen‒Ri untersucht. Hier reduziert
sich die Abweichungsquote auf die Hälfte: Bei total 487 Belegen finden sich 15 = 3,1% Abweichungen (G 7x; L 6x; G/L 2x).
In den weitaus meisten Fällen läßt sich die Stelle ‒ wie das
die je andere Übersetzung auch zeigt ‒ durchaus korrekt im
Sinn unserer Tempustheorie verstehen.

Es bleiben zwei Fälle (= 0,4%), wo wir vor ernstlichen
Schwierigkeiten stehen:

‒ Gen 30,13 אשׁר suff (G präs/L fut). Bei L dürfte nicht zuletzt der Anklang an Lk 1,48 die Wahl von fut beeinflußt haben. G flüchtet sich ins Präsens, denn eine Vergangenheitsform hat hier wirklich keinen Sinn. ‒ Da es hier um die Ety-
mologie des Stammvaters Ascher geht, könnte man vermuten, daß
der Verfasser um der etwas besseren Entsprechung willen die
suff-Form gewählt hat. Das würde aber doch überraschen, da
die biblische Volksetymologie sich sonst schon mit ganz vagen
Anklängen zufrieden geben kann. Wahrscheinlicher ist, was
auch BHS vermutet, daß hier infolge Haplographie ein yod ausgefallen ist, das Verb also in der verständlicheren pref-Form
gelesen werden sollte.

‒ Ri 12,5 אמר pref (G aor/L cum hist). Auch dieses Problem
ließe sich textkritisch, dh als Dittographie des yod lösen.
Aber die Frage ist hier, ob es sich wirklich um ein ganz bestimmtes Ereignis in der Vergangenheit handelt. Das geschil-
derte Verfahren muß sich jedenfalls über ganz geraume Zeit
erstreckt haben, bis die 42 000 Ephraimiten mehr oder weniger einzel überführt und umgebracht waren. Die Zürcher Bibel
signalisiert das mit dem Iterativ: "Sooft nun ein flüchtiger
Ephraimit sprach ...". Nicht ausgeschlossen ist, daß Hebr.

hier mit obliquo den Consuetiv intendiert und erst im Folgenden mit recto iterativ weiterfährt: "Es pflegte so zu sein
(c-suff), daß die flüchtigen Ephraimiten zu sagen pflegten
(x-pref) ... worauf dann jeweils die Gileaditen sprachen (c-
pref) ...". Wenn diese Lösung auch sehr gekünstelt wirken mag,
so sei doch daran erinnert, daß Hebr. überraschend empfindlich
auf den Wechsel von Consuetiv zu Iterativ reagiert.

In beiden Fällen ist der Lösungsvorschlag nicht zwingend
und der Rekurs zu einer fakultativen Umkehr-Funktion von כי
wäre verlockend. Aber die im Verhältnis verschwindend kleine
Zahl von Belegen macht das doch eher unwahrscheinlich.

c) גם

Total gibt es im hebr. AT 55 Belege, wo גם direkt von einem
finiten Verb gefolgt wird. Hier finden sich 7 Abweichungen
= 12,7% (G 3x; L 2x; G/L 2x). Obwohl G und L nur in zwei Fällen
gemeinsam abweichen, handelt es sich hier durchgehend um Formen, die sich schwierig entsprechend der Theorie interpretieren lassen. In 6 Fällen ist eine solche Interpretation immerhin nicht ganz ausgeschlossen:
- 2Sam 12,27 לכד suff (L gerund). Die Stadt muß tatsächlich
erst noch eingenommen werden, לכד ließe sich aber auch so
verstehen: "ich habe die Stadt eingeschlossen".
- 2Kön 8,1 בוא suff (L fut). Eine Verständnismöglichkeit ist,
daß die Hungersnot gerufen wurde und schon gekommen ist, "für
7 Jahre" hingegen sich als textfremde Glosse verdächtig macht.
- Jes 45,16 כלם suff (G fut). Die Folge o-suff | גם + suff | o-
suff läßt sich selbstverständlich mit L präteritisch lesen.
Zumal es um das Schicksal der (allgegenwärtigen) Feinde Israels geht, ist G vom Verdacht einer ideologischen Uminter-
pretierung nicht freizusprechen. Da aber o-Formen zu Beginn

des Verses allgemein störungsanfällig sind, andererseits die
Rezension von Qu an dritter Stelle eine als obliques c-suff
lesbare w-Form stehen hat, ist nicht ausgeschlossen, daß G
sich auf eine futurische Verständnistradition für diese Sequenz stützt. In diesem Fall wäre die suff-Form von כלם ohne
Umkehrfunktion von וגם nicht mehr verständlich.

- Jer 50,24 לכד suff (G zweiter Halbvers fut). Hier stehen
wir mit der Sequenz o-suff | וגם + suff ‖ o-suff | וגם + suff wie-
der vor einer ganz analogen Situation, doch müßte dann logi-
scherweise der ganze Vers futurisch verstanden werden.

- Jer 51,12 עשה (G fut). גם זמם גם עשה ist im Kontext zwar
schwer verständlich, vgl aber im Folgenden das unter 4 h zum
"Perfekt der verbindlichen Absicht" Gesagte.

- Mal 2,2 ארר suff (G/L fut). BHK nimmt eine Glosse an, BHS
nicht mehr. Die Zürcher Bibel übersetzt: "Ja, ich habe ihn
schon in Fluch verwandelt, weil ihr nicht darauf achtet". -

In einem Fall aber versagen alle herkömmlichen Interpreta-
tionsmöglichkeiten: Gen 17,16 נתן suff (G/L fut). In Gesellschaft von 3 c-suff und einem x-pref ist וגם נתתי ohne Tempus-
umkehr nicht mehr verständlich. Der Sohn ist ja gerade der
Inhalt des Segens, וגם נתתי nicht mit וברכתי parallel zu sehen, wäre grotesk. Darüber kann uns auch ein "Perfekt der
verbindlichen Absicht" nicht mehr hinweghelfen, denn die Absicht, zu segnen, ist ebenso verbindlich wie die Absicht, den
Sohn zu schenken. - Die einsichtigste Lösung wird hier wohl
sein, anzunehmen, daß waw allenfalls auch über eine Partikel
hinweg seine Umkehrfunktion ausüben kann.

d) אף

Im Total habe ich 27 Fälle gefunden, wo אף direkt von einem
finiten Verb gefolgt wird. Davon sind 8 Abweichungen = 29,6%
(G 2x; G/L 6x). Die Hälfte davon läßt sich mit Leichtigkeit

auch entsprechend der Theorie verstehen[3]. In drei Fällen hingegen wird das schwieriger, in einem Fall praktisch unmöglich:
- Jes 44,15 נשק pref (G pt/L perf); פעל pref (G aor/L perf).
Die Tempusverwirrung in diesem Vers löst sich erst auf, wenn
wir entgegen der masoretischen Vokalisierung die 4 c-pref als
obliques w-pref lesen und den ganzen Passus consuetiv verstehen: Das und das pflegt der Götzendiener zu tun.
- Ps 77,17 רגז pref (G aor/L perf). Da Furcht und Zittern die
direkte Folge des Erscheinens Jahwes ist, sind die beiden
obliquo-Formen, die hier auf zwei recto-Formen (o-suff) folgen, sehr schwer verständlich. אף ירגזו steht jedenfalls zum
o-pref יחילו parallel und müßte mit diesem, unabhängig von
einer möglichen Umkehr-Funktion von אף eine Erklärung finden.
- Ps 88,44 שוב pref (G aor/L perf). In den Versen 39-46 finden sich 12 o-suff, 3 x-suff und 1 c-pref, also durchwegs
recto-Formen, dazwischen unsere Stelle als einziges obliques
x-pref. Wenn wir diesen Halbvers nicht literarkritisch als
textfremde Glosse ausscheiden wollen (wofür sich aber außer
dem Tempuswechsel schwerlich eine anderweitige Legitimation
finden läßt!), bleibt uns nicht anderes übrig, als für אף in
diesem Fall *Umkehr-Funktion* anzunehmen.

e) אז

אז (3mal אזי Ps 124,3-5) ist ambivalent: es kann sowohl in
die Vergangenheit ("damals") wie in die Zukunft ("dann") weisen. Hier müßte uns nun die mit unserer Tempustheorie mitge-
gebene Unterscheidungsmöglichkeit zwischen den Zeitstufen Vergangenheit (recto) und Zukunft(obliquo) besonders zustatten
kommen. Tatsächlich wird אז auch in 47 Fällen von suff und in

---

3 Jes 44,16 חמם; 46,6 שחה; 46,11 בוא, עשה.

68 Fällen von pref gefolgt, wobei dann jeweils überwiegend
präteritisch bzw modal-futurisch übersetzt wird. Nur ist dabei die Abweichungsquote ganz verschieden hoch. Während sie
auf der recto-Seite mit 3 Fällen[4] = 6,4% durchaus gut im Rahmen des Gesamtdurchschnitts bleibt, wird die Limite auf der
obliquo-Seite mit einem Drittel aller Belege (23 Abweichungen = 33,8%) entschieden auf unzulässige Weise überschritten.

Wie ist dieses eigenartige Phänomen zu erklären?

Bei diesen Abweichungen auf der obliquo-Seite handelt es
sich um folgende Stellen (aus Gründen, die gleich einsichtig
werden, schreibe ich die finite Verbform aus): ישיר Ex 15,1;
Num 21,17; יבדיל Dtn 4,41; יבנה Jos 8,30; ידבר 10,12; יקרא
22,1; תבאנה 1Kön 3,16; יקהל 8,1; יתן 9,11; יבנה 11,7; יחלק
16,21; יאסף 2Kön 3,5; תפשע 8,22; יעלה 12,18; יכח 15,16; יעלה
16,5; תעדז Jer 11,15; אשיב Ps 69,5; ימלא 126,2; ינוח Ijob
3,13; תטבלני 9,31; תורד 38,21; יקהיל 2Chr 5,2.

Auffallend ist, daß es sich in 17 Fällen um 3m sg handelt,
dessen Charakteristikum das präfigierte yod ist. Nun hat sich
andererseits in Ps 124,3-5 gleichsam ein versprengter Rest
eines אזי erhalten. Wenn wir annehmen dürfen, daß diese Form
zu Zeiten weitere Verbreitung gehabt hat[5], später aber nicht
mehr geläufig war, so liegt hier ein Unsicherheitsfaktor, der
ganz gut an der hohen Abweichungsquote auf der obliquo-Seite
beteiligt sein kann. Besonders bei der scriptio continua ohne Wortteiler, aber auch allgemein bei der Kopiertätigkeit,
konnte ein Abschreiber versucht sein, das ihm nicht mehr
geläufige yod von אזי zum folgenden Verb zu schlagen. Wir
werden diese Idee sicher nicht aus dem Blick verlieren dürfen, aber zu befriedigen vermag sie doch nicht. Denn bei Licht

---

4 יצא 2Sam 5,24 (was sich im KT auch als pref lesen läßt!); חלק Jes 33,23;
  חלף Hab 1,11.
5 In der aramäischen Entsprechung אדין hat sich das י, durch das ד ge-
  schützt, jedenfalls durchgehend erhalten.

betrachtet sind es lediglich 9 Fälle, die sich auf diese Weise *ohne Eingriff in den Konsonantenbestand* eliminieren lassen. 4 von den restlichen Belegen lassen sich anderweitig erklären[6]. So bleiben uns immer noch 10 Fälle (= 14,7%), wo die
hebr. obliquo-Form sich mit aller Entschiedenheit gegen eine
obliquo-Deutung sträubt. Damit kommen wir nicht darum herum,
der Partikel אך *deutliche Ansätze zu fakultativer Umkehr-
Funktion zuzuschreiben.*

f) בל

Die Negation בל weist folgende Verteilung auf die biblischen Bücher auf: Jes 22mal; Hos 3mal; Pss 29mal; Ijob 1mal
(41,15); Spr 8mal und 1Chr 1mal (16,30 im Loblied Davids).
Sie kommt also ausschließlich in poetischen Texten vor und
scheint auch hier nicht Allgemeingut gewesen zu sein. In 52
Fällen steht das negierte Verb in der pref-, in nur 12 Fällen in der suff-Form. בל scheint also primär prohibitive
Funktion zu haben. Dieser Eindruck wird noch verstärkt, wenn
wir die Abweichungen betrachten.

Auf der obliquo-Seite sind es 7 Abweichungen = 13,5%. In
drei Fällen zeigt die Parallelübersetzung, daß das Verb sich
auch modal-futurisch interpretieren läßt: חזה Jes 26,11 aor/
conj; נפל 26,18 fut/perf; יכל Ps 21,12 aor/conj. In einem
weiteren Fall erbringt EÜ mit fpräs den Beweis: מצא Ps 17,3
aor/perf "*dann* findest du". - ליו Ps 49,16 aor/perf liegt
eine Textabweichung vor: G/L haben ביו gelesen und übersetzt.
So bleibt nur noch עשה Jes 26,18 aor/perf, wo es allerdings

---

6 עלז Jer 11,15 ist textkritisch unsicher; שוב Ps 69,5 ist gegen G/L
  (beide impf) durchaus modal verständlich; für נוה Ijob 3,13 konnte
  oben eine textkritische Lösung gefunden werden (אזי נוח לי); טבל Ijob
  9,31 ist korrekter als Potentialis zu interpretieren.

nicht einsichtig ist, wieso hier G nicht auch - wie beim pa-
rallelen נפל (s. oben) - fut gewählt hat. Eine futurische Interpretation ließe sich vom Kontext her jedenfalls problemlos
rechtfertigen.

Gehen wir nun einmal von der berechtigten Annahme aus, daß
בל von Haus aus syntaktisches Signal für den Prohibitiv ist,
daß von dieser Partikel negierte Verben also korrekt in der
obliquo-Form zu stehen haben und recto grundsätzlich Abweichung ist, so ergibt sich bei der kritischen Überprüfung der
recto-Belege folgendes Bild:

In gleich 7 von den 12 Fällen (= 58,3%) sind G/L mit der
hebr. recto-Form nicht zurechtgekommen: למד Jes 26,10 conj/
fut; פרש 33,23 fut/conj; נטע, זרע, שרש 40,24 conj/pt; ידע
44,8 -/conj; ראה Ps 10,11 conj/conj.

Bei den verbleibenden 5 Fällen zeigt es sich, daß die entsprechende Stelle mehr oder weniger ungezwungen auch in obliquo-Funktion verständlich ist:
- Ps 21,3 מנע aor/perf. Die beherrschenden 18 obliquo-Formen
(gegen 6 recto) weisen den Psalm gattungskritisch als *Bittge-
bet* für das Wohlergehen des Königs aus[7]. Noch zwei weitere
Male kommt die Negation בל vor, und zwar prohibitiv in folgenden Kombinationen:
v8: pt ‖ בל + pref; v12: x-suff ‖ בל + pref. In dieser Umgebung ist für unsere Stelle eine prohibitive Interpretation
durchaus verständlich: "seinen Herzenswunsch hast du ihm
gewährt, seiner Lippen Begehr *mögest du ihm nicht verweigern.*"
- Ps 58,9 חזה aor/perf. Der Vers weist einige Verständnis-
schwierigkeiten auf. Gegen die übliche Auffassung als Relativsatz läßt sich unsere Stelle - durch den sonst störenden Plural unterstützt - durchaus auch prohibitiv verstehen: "(wie)

---

7 Mit G und L, gegen EÜ, die in diesem Psalm einen Hymnus auf die Taten
  Gottes am König sehen will.

eine Fehlgeburt *mögen sie die Sonne nicht schauen."*
- Ps 147,20 ידע aor/perf. Entsprechend dem in diesem Psalm
häufigen Schema pt‖x-pref (vv 2.4.9.14-17) ließe sich der KT
von v20 auch so lesen: "Der nicht so handelt (pt) an allen
Völkern, seine Rechte *möge er sie nicht erkennen lassen* (corr
nach Qu)". Der Wechsel von לא zu בל ist jedenfalls auffällig.
- Spr 23,35 חלה aor/perf; ידע impf/perf. Mindestens so verständlich wie die geläufige perfektische ist hier eine modale
Interpretation: "sie haben mich geschlagen - *es soll mir nicht
weh tun;* sie haben mich geprügelt - *ich wills nicht spüren* ...
ich will weiterhin (dem Wein) nachjagen."

Wenn es stimmt, daß בל eine spezifisch prohibitive Negation
ist - und der Befund spricht jedenfalls dafür - dann kommen
wir angesichts der recto-Belege, die sich samt und sonders
als obliquo interpretieren lassen, nicht darum herum, auch für
diese Partikel *fakultatives Conversiv-Verhalten* anzunehmen.
Die große Unsicherheit von G und L bei der Interpretation
der suff-Formen legt nahe, daß sie in diesem Fall mit dem
Umkehr-Mechanismus nicht vertraut waren.

g) Fragepartikel

Fragen sind generell nicht als problematisch aufgefallen.
Die Tempuswahl bei der Frage richtet sich ungezwungen nach
den Inhalten von recto und obliquo[8]. Bei der Untersuchung
der Abweichungen auf der obliquo-Seite sind wir jedoch auf
das Phänomen gestoßen, daß Hebr. offenbar sehr empfindlich
auf den bei den (meist vorwurfsvollen) rhetorischen Fragen
mitschwingenden Potentialis bzw Dubitativ mit obliquo reagiert. Wenn eine solche Reaktion unserem Sprachempfinden auch

---

8 zB was hast du getan? = recto; was willst du tun? = obliquo.

nicht geläufig ist - nachvollziehen läßt sie sich allemale
noch.

Anders dann beim überraschenden Tempusverhalten der Frage
nach dem *Woher* bei den Belegen, die sich resistent bis in den
Rest der unerklärlichen Abweichungen hinein gehalten haben.
Hier ist nach unserem Sprachempfinden für Potentialis oder
Dubitativ kein Platz mehr. Ein Nachvollzug ist uns nur mög-
lich, wenn wir annehmen, daß in diesem speziellen Fall eine
Formel stillschweigend mitverstanden wird, die einen grund-
sätzlichen Zweifel an der Antwort offen läßt.

Die Frage ist nun aber, ob wir uns damit nicht den Zugang
zu einem möglichen fakultativen Umkehrverhalten der entsprechenden Fragepartikel verbaut haben.

In der Hoffnung, auf diese Frage eine Antwort zu finden,
habe ich sämtliche Belege von Fragen nach dem *Wohin, Wo* und
Wann auf den Verdacht eines Conversiv-Tempus hin untersucht -
mit sehr bescheidenem Erfolg:

- Ex 10,3 suff (G präs/L präs). עד־מתי מאנת לענת
- Ex 16,28 suff (G präs/L präs). עד־אנה מאנתם לשמר

Die Ähnlichkeit dieser beiden Fälle ist offensichtlich. Die
Weigerung mag zwar als Faktum vorliegen, aber bei der Frage
nach dem "bis wann" bzw "bis wohin", um die es hier geht, ist
nach unserem Empfinden eine recto-Form doch fehl am Platz.

- Ps 80,5 suff (G conj/L fut). עד־מתי עשית. Auch hier liegt
das Zürnen Jahwes als Faktum vor, aber wieder ließe die Frage nach dem "wie lange noch" eine obliquo-Form erwarten.

In allen drei Fällen ist es die einfachste Lösung, anzunehmen, daß die entsprechenden Fragepartikel allenfalls auch *das
Tempus umkehren können*. Nur handelt es sich dann um sehr seltene Ausnahmen.

h) אם כי und die Frage des *perfectum propheticum*

אם כי mit finitem Verb ist 39mal belegt, und zwar 20mal
mit nachfolgendem suff und 19mal mit nachfolgendem pref. G
und L haben mit dieser Partikel-Kombination sichtlich Schwierigkeiten gehabt, wie die Zusammenstellung der Übersetzungs-
variationen zeigt (Abweichungen von der Theorie *kursiv*):

G	suff	L

G	L
1 ἀλλ' ἤ + aor	2 sed + perf
1 εἰ + perf	1 quia si + perf
1 ὅτι + aor	1 quod + präs
1 ὅτι εἰ μή + aor	1 sed tantum + impf
1 nominal	1 ablativus absolutus
1 *imp*	1 *imp*
1 οὐκ + *fut*	1 tamen + *fut*
1 ὅτι εἰ μή + *fut*	1 quia + *fut*
1 διότι + *fut*	3 sed + *fut*
2 ὅτι + *fut*	1 quoniam + *fut*
3 ἕως ἄν + *aor conj*	4 nisi + *perf conj*
4 ἐὰν μή + *aor conj*	1 nisi + *plqpf conj*
1 ἐάν + *aor conj*	1 cum + *perf conj*
1 ὅτι ἐάν + *aor conj*	1 et si + *perf conj*

pref

G	L
1 οὕτως + fut	2 fut
1 ὅτι εἰ μή + fut	1 quod si + fut
9 ἐάν + aor conj	3 quod si + perf conj
4 ὅτι ἐάν + aor conj	5 si enim + perf conj
3 διότι ἐάν + aor conj	1 ut si + perf conj
1 ὡς ὅτι ἐάν + aor conj	1 sive enim + perf conj
	1 quia si + perf conj
	1 quoniam si + perf conj
	1 si + perf conj
	1 et + perf conj
	1 quin potius + präs conj
	1 et cum + perf conj

Dieser Befund berechtig zur Annahme, daß G und L sich nicht
in ein bestimmtes Interpretations-Schema gezwungen fühlten,
sondern vielmehr von Fall zu Fall nach freiem Ermessen interpretiert haben, sodaß wir uns, um das Verfahren nicht unnötig

zu komplizieren, besser nicht an sie wenden, um Auskunft über
den Funktionsunterschied von recto und obliquo in diesem Fall
zu erhalten[9].

Bei *obliquo* (אם כי + pref) liegen bei genauer Betrachtung
die Dinge recht durchsichtig:

- Textkritisch zu korrigieren sein dürfte אם zu את Ijob 42,8,
wie BHS das vorschlägt.

- Adversative Funktion ("sondern") hat אם כי Dtn 7,5. Die
Wahl von obliquo ist durch die modale Intention hinreichend
begründet: "sondern so sollt ihr tun".

- In allen übrigen Fällen haben כי und אם ihre Eigenfunktion
im Satzgefüge behalten, wobei אם eine *potentiale* (in ihrer
Erfüllung mögliche, zu erwartende, wünschenswerte) *Bedingung*
einleitet: "denn wenn ..." Ex 22,22; 23,22; Dtn 11,22; Jos 23,
12; 2Sam 18,3; Jes 10,22; Jer 22,4; Am 5,22; Spr 19,19; Koh 4,
10; Est 4,14; "aber wenn ..." Num 24,22; "sondern sobald ..."
1Sam 20,9; "sondern wenn ..." Jer 7,5; Hos 9,12; "ja wenn ..."
Spr 2,3. Die obliquo-Form steht hier korrekt für den Potentialis, was sich bei G und L ja auch bestätigt.

Komplizierter ist das Erscheinungsbild bei *recto* (אם כי +
suff):

- Textkritisch problematisch sind: זכר Gen 40,14. Das beim
vorliegenden Textbestand nicht unterzubringende אתך macht
eine Textverderbnis wahrscheinlich. - סור 2Sam 5,6. Die wört-
liche Übersetzung "außer er ließ dich die Blinden und die Lah-
men vertreiben" ergibt zwar mit Jahwe als Subjekt einen Sinn,
verträgt sich aber schlecht mit den Übersetzungen ὅτι ἀντέ-
στησαν οἱ τυφλοὶ καὶ οἱ χωλοί (G) bzw nisi abstuleris caecos
et claudos (L). Der Text scheint hier doch gestört zu sein. -

---

9 Immerhin zeigt sich, daß obliquo keine einzige Abweichung aufweist, während recto mit rund drei Abweichungen auf eine Entsprechung entschieden
   schlecht dasteht. Das Problem wird also vor allem bei der Fügung אם כי
   + suff liegen!

שיש, גיל Jes 65,8. Qu tradiert hier zwei Nomina, was wohl der
bessere Text ist, da die beiden suff-Formen bei futurischer
Intention kaum zu erklären wären.

Bei 4 von den verbleibenden Belegen haben כי und אם wiederum
ihre Eigenständigkeit behalten:
- Die Bedingung ist schon eingetroffen, liegt also faktisch
vor bei Gen 47,18 (das Geld ist ausgegangen) und Klgl 3,32
(Jahwe hat betrübt).
- Eine irreale Bedingung liegt vor bei Jer 37,10 "wenn ihr
schlagen könntet" - ihr könnt aber nicht; und 51,14 "wärest
du angefüllt" - bist es aber nicht.
- Die Funktion eines Fragepronomens hat אם bei מאם Klgl 5,22
"denn: hast du uns verworfen?"

Sonst überwiegen bei *recto* die Fälle, wo die Fügung כי אם
eine einzige Funktion ausübt:
- Adversative Funktion ("sondern") liegt vor bei 2Kön 23,9
"sondern sie aßen"; und Jer 7,23 "sondern ich habe geboten".
- Um eine *conditio sine qua non* geht es bei Gen 32,27 "es sei
denn, du habest mich gesegnet"; Lev 22,6 "außer er habe sich
gewaschen"; Ri 15,7 "außer ich habe mich gerächt"; 2Kön 4,34
"außer ich befehle es dir"; Jes 65,6 "außer ich habe heimge-
zahlt"; Am 3,7 "außer er habe geoffenbart"; Rut 3,18 "außer
er habe geendet"; Est 2,14 "außer er habe Gefallen gefunden".
Allen diesen Belegen ist gemeinsam, daß das Bedingte sinnlos,
verboten, unzulässig, undenkbar ist, es sei denn, die Bedingung sei erfüllt. - Nach unserem Sprachempfinden unterscheiden sich eine potentiale Bedingung und eine *conditio sine qua
non* höchstens in grammatikalisch irrelevanten Nuancen. Beide
neigen zum Konjunktiv (!), und beide können sich im flachen
Präsens einträchtig wiederfinden: "wenn *du kommst* - und das
ist möglich und zu erwarten - gehe ich weg" | "ich gehe nicht
weg, es sei denn, *du kommst"*. Mit der obstinaten Wahl von
recto reagiert die hebräische Grammatik hier offenbar empfind-

licher. Zu dem Zeitpunkt, wo das noch ausstehende Bedingte
eintreffen wird, hat die Bedingung als Realität vorzuliegen.
Mit anderen Worten: Hebr. folgt in diesem Fall der *objektiven
Sprachlogik*. Als Verständnisbrücke für hebr. recto kann uns
defektives fut II dienen: "ich gehe nicht weg, es sei denn,
du bist gekommen".

- Rätselhaft geblieben ist mir 2Kön 5,20, wo Gehazi spricht:
ולקחתי ... רצתי אם כי יהוה חי ... . Was hier mit Bestimmtheit
nicht vorliegt, ist eine real geschehene (oder geschehende)
Handlung, denn Gehazi faßt in dem Moment ja gerade den Entschluß, nachzulaufen. Eine *conditio sine qua non* bzw ein
fut II zu sehen, ist ebenso unsinnig wie blasphemisch. Auch
ein Irrealis ist fehl am Platz, denn Gehazi faßt den festen
Entschluß (היוה חי!) und führt ihn in der Folge auch aus.

Damit sind aber die bisher erarbeiteten Möglichkeiten er-
schöpft, ein nach unserem Sprachempfinden nicht indikativisch-
faktisches recto [10] regulär zu erklären, und wieder wäre die
Annahme eines conversiv-Tempus nach כי אם die eleganteste Lösung - wenn dieser Fall nicht so einsam dastünde!

An sich ist es auch für uns kein ungeläufiges Phänomen, daß
ein noch ausstehendes Ereignis sprachlich mit einer Vergangenheitsform wiedergegeben werden kann (von unseren Konjunk-
tiv-Formen, die weit davon entfernt sind, auf ihre Zeitstufe
festgelegt zu sein, ganz zu schweigen). Nehmen wir den Satz
"Er wird kommen, wenn er gesund geworden ist", so haben wir
genau den Fall, daß ein noch ausstehendes Ereignis mit dem
Perfekt wiedergegeben wird. Nur ist hier durch die konditiona-
le Abhängigkeit von einem futurischen Hauptsatz die Zeitstufe
offenbar hinreichend festgelegt, sodaß unsere Sprache auf das
komplizierte fut II ("wenn er gesund geworden sein wird") ganz

---

10 Selbstverständlich ließe sich ולקחתי für sich allein auch ohne Weiteres
   als (obliques) c-suff lesen. Die unzweideutige parallele recto-Form
   רצתי verbietet dies aber.

korrekt verzichten und sich darauf beschränken kann, mit Perfekt den Aspekt des (noch ausstehend) Vollendeten zu signalisieren. - Analog ist die Sachlage im Hebräischen. Mit lediglich zwei Tempus-Formen (recto und obliquo) steht diese
Sprache bei fut II vor dem Dilemma, ob sie den Realitätsbezug
des Noch-Ausstehenden (obliquo) oder lieber den Aspekt des
Vollendeten (recto) signalisieren will. Wie sich schon gezeigt
hat und noch zeigen wird, hat Hebr. diese Entscheidung dem Ermessen des Autors überlassen.

Sowohl dt. Perfekt wie hebr. recto stehen hier also nur unter der je spezifischen Voraussetzung von fut II korrekt. Diesen Fall mußten wir bei dem Problem 2Kön 5,20 aber ausklammern. Sollte Hebr. vielleicht doch eine sprachlogische Nische
haben, die es zuläßt, zB ein in der Zukunft *mit Sicherheit*
eintreffendes Ereignis auf exotische, dh für uns nicht nachvollziehbare Weise als bereits geschehen (recto) darzustellen? - Schon oben, als wir bei der *conditio sine qua non* vor
einer analogen Sachlage standen, mag der Gedanke aufgetaucht
sein, ob sich das Problem nicht mittels des wohlklingenden,
aus dem Lehrbuch vertrauten Begriffs des *perfectum propheticum* sehr elegant aus der Welt schaffen ließe.

Obwohl die Verlockung groß sein mußte, die vielen vor allem in prophetischen Texten gefundenen futurischen Abweichungen von recto-Formen damit summarisch zu beseitigen, habe ich
bis jetzt doch bewußt darauf verzichtet, auf ein *perfectum
propheticum* zu rekurrieren. Und dies ganz einfach, weil ich
nicht an die Existenz dieser Supposition glaube. Das *perfectum propheticum* hat seine Begründung in der vor allem bei
den Propheten leicht zu machenden Beobachtung, daß es häufig
ganze Reihen von herkömmlich als "Perfekt" bezeichneten hebr.
suff-Vorkommen gibt, die sich aus irgendwelchen Gründen gegen
eine perfektische Übersetzung sträuben, vom Zusammenhang her
vielmehr klar futurische Aussagen zu erwarten wären[11]. Mit

der korrekten Zuteilung von c-suff zur obliquo-Seite ver-
schiebt sich nun aber bereits etwa ein Drittel der möglichen
Belege zum herkömmlichen "Imperfekt" hinüber, und die logi-
sche Verankerung von Irrealis, *conditio sine qua non* und
fut II auf der recto-Seite läßt das Belegmaterial noch weiter zusammenschrumpfen. So verbleiben die immer noch zahlreichen Fälle, wo die traditionellen Gewährsleute G und/oder L
und in ihrem Gefolge [12] auch neuere Standardübersetzungen hebr.
recto futurisch übersetzen [13]. Der Verzicht auf den Rekurs auf
ein "perfectum propheticum" hat hier zu interessanten und
reizvollen Einblicken in sprachfremde Interpretationszwänge
geführt. Aber selbstverständlich ist meine Argumentation da
selten zwingend, wie andererseits der Gegenbeweis, daß der
Verfasser an den betreffenden Stellen mit hebr. recto tatsächlich ein noch ausstehendes Ereignis intendiert hat, ebenso
schwer zu führen sein wird. Um diese Frage zu entscheiden,
müssen Belege gefunden werden, wo hebr. recto durch anderweitige Signale *eindeutig* auf die Funktion modal-futurisch festgelegt ist.

Angeregt durch יהוה חי 2Kön 5,20 hoffte ich, bei Schwüren
solche recto-Formen zu finden. Aber der Befund ist ebenso
eindeutig wie durchsichtig: überall dort, wo eine Handlung
beschworen wird, die in der Zukunft mit Gewißheit (nicht) eintreten soll, steht obliquo [14]. Nur ein einziger Fall ist mir

---

11 Unverständlich ist mir, wie zusammenhängende literarische Einheiten
   wie Jes 9,1ff (GESENIUS) oder Jer 51,29-32 (BERGSTRÄSSER) als Beispiele für perfectum propheticum angeführt werden können. Selbstverständlich läßt sich diskutieren, ob der Prophet hier ein für ihn noch ausstehendes Ereignis so erzählt, als sei es bereits eingetroffen. Aber
   diese Diskussion gehört dann in die Kritik der literarischen Gattung,
   nicht in die Grammatik!
12 Daß spätestens seit G jemand die Bibel "aus dem hebr. Urtext" übersetzt hat, wage ich füglich zu bezweifeln. Korrekter wäre: "aufgrund
   des hebräischen Textes mit Hilfe zugänglicher Interpretationen".
13 Vgl oben Anhang 3.
14 zB Gen 21,23; 22,16; 24,7. Insgesamt sind mir (ohne Anspruch auf Vollständigkeit) 36 solche Fälle begegnet.

begegnet, wo bei einem Schwur recto-Form steht: Jos 2,12
"schwört mir, daß ich an euch Gnade geübt habe". Hier liegt
die beschworene Handlung in der Vergangenheit, was korrekt
mit recto signalisiert wird.

Ebenfalls negativ ist das Ergebnis, wenn wir die Fälle analysieren, wo ein Geschehen durch das Adverb מחר "morgen" auf
die Zeitstufe Futur festgelegt ist. Ausnahmslos steht in diesen Sätzen das Verb in der obliquo-Form [15]. Und wo in der *Erzählung* das für "morgen" angesagte Geschehen für den Erzähler
auch schon der Vergangenheit angehört, steht konsequent מחרת
"anderntags" mit der recto-Form [16].

Nun sind wir schon oben im Hauptteil wie auch im Anhang 3
auf Fälle gestoßen, wo das Verb נתן in der recto-Form steht,
G und L damit aber sichtlich nicht zurechtkommen. Es sind dies
Stellen, wo im Rahmen einer Verheißung es um das Land geht,
das den Israeliten "gegeben" ist, obwohl sie es im jeweiligen Zeitpunkt noch gar nicht "haben". Der Vergleich aller
recto-Belege von נתן mit den Übersetzungen G/L gibt folgendes Resultat:

	Total	Abweichungen	%
(a) mit Gott als Subjekt	89	15	*16,9*
(b) mit sonstigem Subjekt	473	9	*1,9*

Es zeigt sich mit aller Deutlichkeit: Die Schwierigkeit mit
נתן ist in erster Linie ein Problem der religiösen Sprache.

Die schwierigste Abweichung unter (a) ist zweifellos Gen
17,16, das uns schon einmal[17] mit Verdacht auf Tempus-Umkehr
durch וגם begegnet ist. - Ebenfalls nicht leicht zu verstehen ist Gen 9,13, wo doch der Regenbogen, wenn er als Bundes-

---

15 zB Ex 9,5; 10,4 uö.
16 zB Gen 19,24; Ex 18,13 uö. - Eigentlich müßte schon diese Beobachtung
   genügen, um zu zeigen, daß Hebr. über eine sehr klare Unterscheidungs-
   gabe für die Zeitstufen verfügt!
17 oben S. 160: ... וברכתי אתה וגם נתתי ממנה לך בן וברכתיה והיתה לגוים.
   Die waw-Formen sind zweifellos als obliques c-suff zu lesen.

zeichen dienen soll, immer wieder einmal an den Himmel gesetzt werden muß. - Dtn 12,21; 16,7; 20,14 sind als fut II
verständlich. In allen übrigen Fällen[18] geht es um die Frage,
ob das Land, das verheißen ist, schon als gegeben betrachtet
werden kann.

Aufschlußreich werden nun jene Abweichungen, wo nicht Gott
das Subjekt ist (b):

- Dan 11,21 dürfte fut II sein, und Spr 4,2 ist im Zusammenhang durchaus perfektisch verständlich, wenn der Vater sagt:
"Gute Lehre *habe ich euch gegeben*, meine Weisung verlaßt
nicht!"

- In allen übrigen Fällen handelt es sich um *formelle, verbindliche Absichtserklärungen*: Gen 23,11.13 um den orientalisch verschnörkelten *Vertrag* zwischen Abraham und Efron wegen der Höhle Machpela; 2Sam 24,23 zwischen David und Arauna
wegen der Tenne und dem Opfer (cf 1Chr 21,23); Gen 41,41 um
die *amtliche Installation* Josefs als Statthalter über Ägypten;
Gen 48,22 um das *Vermächtnis* Jakobs an Josef; 2Chr 2,9 um den
Vertrag zwischen Salomo und Hiram wegen der Unterhaltskosten
für die Holzarbeiter.

Ein solches *Perfekt der verbindlichen Absicht* mag auch uns
ausnahmsweise verständlich sein in einem Testament, wenn es
da heißt "das und das habe ich dem und dem *gegeben.*" Dabei
ist es jederman klar, daß im Moment der Abfassung der lachen-
de Erbe von seinem Glück noch nicht einmal zu wissen braucht,
geschweige denn, daß die Besitzübertragung schon vollzogen
sein müßte[19].

---

18 Gen 15,18; Num 20,12; 27,12; 32,7; Dtn 1,21; 3,18; 9,23; 12,1; 26,11;
    28,52

19 "orientalisch" ist allerdings die Ausweitung. So lautet die gängige
    arabische Schenkungsformel 'endak "es gehört dir" (wörtlich: es ist
    bei dir), obgleich in diesem Augenblick überhaupt erstmals von einem
    Schenkungswillen die Rede ist, geschweige denn, daß die (noch keines-
    wegs sichere) Besitzübertragung schon vollzogen wäre.

Mit Verdacht auf Tempus-Umkehr nach Fragepartikeln sind
uns oben[20] zwei Stellen mit dem Verb ‏מאן‎ aufgefallen. Das
Verb ist in finiter Form 39mal belegt, wobei 36 Belege auf
die recto- und nur drei Belege auf die obliquo-Seite fallen.
Während die obliquo-Fälle von G/L durchwegs konjunktivisch
wiedergegeben werden, ist bei recto die Abweichungsquote mit
30,6% sehr hoch. Es sind dies alles Fälle, wo recto von G/L
mit präs übersetzt werden. Der Verdacht, daß hier ein ähnli-
ches Tempusverhalten wie bei ‏נתן‎ vorliegen könnte, bestätigt
sich aber nicht. Außer den beiden genannten Fällen, wo der
Verdacht auf Umkehr-Funktion der Fragepartikel jedenfalls
nicht von der Hand zu weisen ist, ist Ex 4,23 (präs/pt) die
einzige Stelle, wo eine recto-Form unverständlich ist: "Laß
meinen Sohn ziehen ... *solltest du dich aber weigern*, ihn ziehen zu lassen, so werde ich ...". Nur ist hier im KT c-suff
mit obliquem w-suff - was dann wohl die bessere Lesung ist -
formgleich. In allen übrigen Fällen bleibt die Übersetzung
durchaus verstehbar oder sogar korrekter, wenn wir die Weigerung als vorliegendes Faktum darstellen, zB Dtn 25,7 (präs/
präs): "Mein Schwager *hat sich geweigert* ... er will die Schwa-
gerehe mit mir nicht eingehen." Die restlichen Stellen sind
Num 22,13f; Jer 15,18; 50,33; Ijob 6,7; Spr 21,7.25.

So bleiben uns für ein "Perfekt der verbindlichen Absicht"
die Belege mit ‏נתן‎; aber auch unsere Stelle mit der festen
Absichtserklärung des Gehazi 2Kön 5,20, ferner oben im Anhang
3 das Orakel ‏דרך‎ Num 24,17 und der feste Willensentschluß
1Sam 2,16 sind auf dieser Linie zu sehen.

Es ist also damit zu rechnen, daß ein solches wohl mehr
sprachpsychologisch denn eigentlich grammatikalisch beding-
tes Tempusverhalten im biblischen Hebräisch existiert, indem
die feste Absicht, etwas zu tun, so dargestellt wird, als

---

20 Anhang 4 g: Ex 10,3; 16,28.

sei das Beabsichtigte bereits Realität. - Auf die Annahme
eines "perfectum propheticum" ist in der Grammatik aber besser zu verzichten. Es mag in der Gattungskritik seinen Platz
haben.

i) עד und die Sprachlogik im Temporalsatz

Die Partikel עד kommt mit finitem Verb in 92 Belegen vor,
und zwar 36mal mit suff und 56mal mit pref. Während nun aber
die obliquo-Seite nur 2 formale Abweichungen (= 3,8%) aufweist, ist die Abweichungsquote auf der recto-Seite mit 72,2%
unverhältnismäßig hoch.

Die Belege auf der *recto*-Seite zerfallen deutlich in zwei
Gruppen:

- עד mit *Präteritumsbezug*. Die Partikel befindet sich hier in
folgenden Kombinationen: 9mal עד; 12mal עד אשר; 4mal עד כי.
G und L weisen dabei folgende Variationen auf:

G		L	
9	ἕως οὗ + aor	3	donec + perf
2	ἕως ὅτου + aor	2	perf
7	ἕως + aor	2	nominal
3	aor	1	impf
2	inf aor	1	ablativus absolutus
1	*imp*	11	donec +
		1	*perf conj*
		1	ut + *impf conj*
		1	usquequo + *impf conj*
		1	donec + *plqpf conj*
		1	eo quod + *plqpf conj*

Bei G ist also deutlich der Indikativ Aorist bzw der hier
indikativisch interpretierbare inf aor bestimmend. Der eine
Fall von imp (Ez 34,21) weicht vom MT ab und muß als Interpretationsfehler von G angesehen werden.

Daß andererseits bei L die conj-Formen überwiegen, läßt
sich von einem eigensprachlichen Zwang her erklären. Im Tem-

poralsatz folgt die lateinische Grammatik der *objektiven Sprachlogik*. Bei temporalen Nebensätzen kann der Indikativ nur stehen, wenn das begleitend Ausgesagte zum Zeitpunkt der Haupthandlung real vorliegt, zB 1Kön 10,7 donec veni: "ich habe nicht geglaubt, bis ich selbst gekommen (und jetzt da) bin". Sobald die Aussage des Nebensatzes zum Zeitpunkt der Haupthandlung immer noch ausstehend, dh erst möglich ist, muß conj stehen, zB 1Kön 11,16 donec interimeret: "er blieb dort, bis er ausgerottet hatte". Die hebräische Grammatik folgt da offenbar unserem dt. Sprachempfinden (und auch dem von G), indem sie vom Zeitpunkt des *Erzählers (subjektive Sprachlogik)* ausgeht: inzwischen ist die damals noch ausstehende Aussage Realität geworden. Eine eigentliche Abweichung von L liegt also nur vor, wo er das temporale Verhältnis unkorrekterweise final (ut + impf conj Gen 41,49) umbiegt. - Textkritisch unsicher ist die Stelle Jos 17,14.

- עד mit *fut II - Bezug* [21]. Die Partikel befindet sich hier in folgenden Kombinationen: 9mal עד; 12mal עד אשר; 4mal עד כי.

G und L weisen dabei folgende Variationen auf:

	G			L
8	ἕως ἄν + *aor conj*		8	donec + *präs conj*
1	ὅπως μή + *aor conj*		1	nisi + fut II
2	inf aor		1	donec + *impf conj*
			1	ut non + *präs conj*

Hier liegen die Dinge durchsichtig. G verfügt nicht über die Tempuskategorie fut II, muß also auf jeden Fall ein erst potentielles Eintreffen der Nebenhandlung signalisieren. - Im temporalen Nebensatz gilt der gleiche Zwang auch für L.

---

21 Darunter fallen auch die drei Stellen Gen 24,19; Jes 6,11; 30,17, die wir oben S. 118 stehen ließen. - Auffällig ist, daß sich in den aramäischen Texten im Zusammenhang mit עד kein einziger Fall von fut II nachweisen läßt. Die 7 Fälle von עד די + suff haben durchwegs präteritischen Bezug. Die 4 Fälle auf der obliquo-Seite hingegen sind futurisch oder potential zu verstehen.

Nur dort, wo er abweichend vom MT einen Konditionalsatz interpretiert (Gen 28,15), kann fut II zum Zuge kommen. Daß L in
einem Fall (Rut 2,21) den temporalen Bezug in die Vergangenheit verlegt, ist zwar ein Interpretationsfehler, fällt hier
aber nicht ins Gewicht. Eigentliche Abweichung ist nur 2Sam
17,13, wo G/L den Temporalsatz der Vorlage zu einem Finalsatz, der hebr. obliquo verlangen würde, uminterpretieren.
- Es verbleiben zwei Fälle, die schwieriger einzugliedern
sind:

+ 2Kön 7,3: Daß es die vier Aussätzigen interessiert, ob sie
noch dasitzen werden, nachdem sie gestorben sein werden, ist
nicht anzunehmen. Ein fut II kommt hier also kaum in Frage.
Die verbale Aussage עד מחנו läßt sich nur futurisch oder allenfalls potential verstehen, würde also eine obliquo-Form
verlangen. Anders, wenn wir den KT in Abweichung vom MT in-
finitivisch lesen: עד מֻתֵנוּ [22]. Dann ist der futurische Bezug
mit dem vorgegebenen Konsonantenbestand problemlos: "bis wir
tot sind".

+ Ez 39,15 עד קברו אתו: Ein fut II ist hier zwar durchaus
denkbar, wenn die Vorstellung die ist, daß das Malzeichen
stehen bleiben soll, bis das Begräbnis (am anderen Ort) vollzogen ist. Man würde aber doch eher fut, also eine obliquo-
Form erwarten.

Für eine Tempus-Umkehr kämen also lediglich diese beiden
Stellen in Frage.

Auf der *obliquo-Seite* sind folgende Kombinationen belegt:
31mal עד; 24mal עד אשר; 1mal עד כי [23].

Dafür gibt es folgende Übersetzungs-Variationen:

---

22 Defektiver inf cstr von מות ist auch Ex 14,12 und 2Sam 2,30 belegt.
23 Das singuläre עד כי Gen 49,10, das sich sonst nur bei präteritischen
   Aussagen auf der recto-Seite findet, schafft hier keine Probleme. Der
   Satz ist eindeutig potential-futurisch zu verstehen "bis er kommen
   wird, vgl G ἕως ἄν ἔλθῃ | L donec veniat.

G		L	
18	ἕως ἄν + aor conj	46	donec + präs conj
7	ἕως + aor conj	6	donec + impf conj
12	ἕως οὗ + aor conj	3	antequam + präs conj
4	ἕως ὅτου + aor conj	1	cum + perf conj
1	ἕως οὗ ἄν + aor conj		
8	inf aor		
1	ἐάν + aor conj		
1	ἵνα + aor conj		
1	ἄχρι οὗ + aor conj		
1	aor conj		
1	fut		
1	ἕως οὗ + *aor*		
1	ἕως + *aor*		

Die Sätze lassen sich wie folgt klassifizieren:

- Überwiegend sind die *futurischen Temporalsätze* zB Gen 33,14 "ich will mich dem Schritt ... der Kinder anpassen, bis ich zu meinem Herrn nach Seir kommen werde". Es sind dies insgesamt 33 Belege.

- *Potentialis* liegt vor bei Jona 4,5 "bis er sähe", ferner Koh 2,3; Neh 2,7; negativ bei עד אשר לא Koh 12,1.2.6. Die Grenzen zum futurischen Verständnis sind hier aber naturgemäß durchwegs fießend. - Deutlich wird der scharfe Übergang von Irrealis zu Potentialis Ps 73,16f "ich würde ... bis daß ich eintreten könnte". - Besser als modaler Finalsatz verstehen läßt sich Ijob 14,6 "damit er sich freuen möge".

- Nach unserem Sprachempfinden nicht eindeutig auf die obliquo-Seite gehören jene Stellen, die sich zwar notfalls auch futurisch verstehen lassen, wo wir spontan aber doch lieber ein fut II sehen möchten: אסף Gen 29,8; עבר Ex 15,16 (2x)[24] ; Num 20,17.21.22; Jes 26,20; Ps 57,2; פרה Ex 23,30; אכל Num 23,24; נוח Dtn 3,20; צמח 2Sam 10,5; שום Jes 42,4. Nun ist es durchaus denkbar, daß es im Hebr. Verben gibt, die von Haus

---

24 Entgegen der herkömmlichen präteritischen Übersetzung ist der ganze Vers Ex 15,16 von den Verbformen her eindeutig futurisch angelegt und gehört literarkritisch zur darauffolgenden Einheit der Hinführung zum Zion.

aus schon *perfektivisch* verstanden wurden. Bei fut II kann
sich in diesem Fall die Sprache darauf beschränken, mit
fut die Zeitstufe zu signalisieren, während das exactum mit
dem Verb mitgegeben ist. Dies am Beispiel des hier auffallend
häufigen עבר: aktiv: "bis vorübergegangen sein wird" ist inhaltlich identisch mit perfektivisch "bis vorüber sein wird".
Sicherer ist die Annahme, daß bei fut II die hebräische Grammatik offenbar zwischen der Wahl der recto- und obliquo-Form
schwankt und es dem Autor überläßt, zu entscheiden, ob er von
Fall zu Fall die Zeitstufe Futur (was obliquo verlangt) oder
lieber den Aspekt des Vollendeten (was recto verlangt) in den
Vordergrund stellen will.

- Die beiden Abweichungen bei G machen uns auf ein weiteres
Schwanken in der Sprachlogik von Hebr. aufmerksam. Es handelt
sich um נקם Jos 10,13[25] und קדש 2Chr 29,34 (G aor/L impf conj).
Wenn wir oben unter recto bei עד mit Präteritumsbezug gesehen
haben, daß Hebr. sich bei der Tempuswahl im Temporalsatz an
der Logik des Sprechers orientiert, so zeigen diese beiden
Fälle, daß diese Aussage offenbar nicht absolute Gültigkeit
hat. Ein analoges Schwanken können wir übrigens auch in unserer
Sprache beobachten. Sowohl Plusquamperfekt "bis sie sich gerächt bzw geheiligt hatten" (aus der Sicht des Sprechers schon
längst eingetroffen) als auch Konditional "bis sie sich gerächt bzw geheiligt haben würden" (im Augenblick der Haupthandlung noch ausstehend und erst möglich) sind in diesem
Fall korrekt.

Das *Ergebnis* läßt sich so zusammenfassen:
- עד + suff: recto signalisiert die präteritische Zeitstufe
(dt. perf oder plqpf) bzw im Fall von fut II den perfektivi-
schen Aspekt (dt. auch meist mit perf wiedergegeben).
- Für die Tempuswahl im Temporalsatz der Erzählung ist in der

_____

25 קם ließe sich allenfalls auch paläographisch als Verschrieb der recto-
   Form נקם erklären.

Regel die Sicht des Erzählers (subjektive Sprachlogik) aus-
schlaggebend. Doch sind auch zwei Fälle nachgewiesen, wo es
die Sicht der Erzählung (objektive Sprachlogik) ist, die das
abhängige Tempus bestimmt.

- עד + pref: Auf der obliquo-Seite entsprechen die futurischen und potentialen Aussagen im Gefolge von עד der Theorie.
Hier wird aber das Dilemma spürbar, vor dem die Sprache steht,
wenn sie bei futurum exactum einen Sachverhalt ausdrücken
soll, der korrekterweise gleich beide zur Verfügung und untereinander in Opposition stehenden verbalen Ausdrucksformen
benötigt, nämlich obliquo für futurum und recto für exactum.
Hebr. scheint hier keine verbindliche Entscheidung getroffen
zu haben.

- Die überaus hohe Abweichungsquote bei recto ließ sich von
einem eigensprachlichen Zwang von L her erklären. Für eine
Diskussion um Umkehrfunktion von עד sind es gesamthaft lediglich zwei Stellen (= 2,2%), die ernsthaft in Frage kommen.

k) Zusammenfassung

Die hier angewandte Methode des statistischen Vergleichs
mit den Übersetzungen G und L hat sich bei diesen Detail-
untersuchungen insofern bewährt, als sie eine nützliche Hilfe beim Aufspüren kontroverser Anwendungsbereiche des hebr.
Tempus war. Sobald es aber um die korrekte Interpretation
von Stellen ging, wo sich kein eigensprachlicher Formzwang
von G oder L nachweisen ließ, hat uns diese Hilfe verlassen.
In Ermangelung eines kompetenten Informanten, den wir befra-
gen können, sind wir auf Verständnisbrücken von unserer eigenen Sprache her angewiesen. Daß die Schlüssigkeit solcher
Konstruktionen immer eine Ermessensfrage ist, liegt auf der
Hand.

Was das conversiv-Tempus betrifft, so liegen die Dinge ganz
deutlich bei אז. Das Tempusverhalten dieser Partikel läßt sich
nur erklären, wenn wir analog zu waw auch für אז fakultative
Umkehr-Funktion annehmen.

Damit waren uns alle anderen hebr. Partikel grundsätzlich
verdächtig geworden. Ob dieser Verdacht sich bestätigt hat?
Nach Ausscheidung aller Fälle, wo sich die Abweichungen von
G und L auch anderweitig im Rahmen unserer Tempus-Theorie erklären lassen, ist je und je ein unterschiedlich geringer
Restbestand[26] übriggeblieben, der die Annahme einer Tempus-
Umkehr nahelegen kann. *Aber:* während bei waw (und bei אז) die
conversiv-Form die Regel, die nicht-conversive w-Form hingegen die seltene Ausnahme ist, liegen die Verhältnisse hier
genau umgekehrt. Gesamthaft dürften die verdächtigen Belege
nur wenige Prozente des untersuchten Materials ausmachen.
Dieser Befund läßt keine generelle Aussage zu. Das Erscheinungsbild ist wohl am besten eingefangen, wenn wir annehmen,
daß wir es bei der Ausweitung der Umkehr-Funktion auch auf
andere Partikel mit Ansätzen zur Sprachentwicklung (oder
Sprachverwilderung?) zu tun haben, die Entwicklung aber nicht
über die ersten Anfänge hinausgekommen ist.

---

26 Am höchsten ist er bei אז mit fast 15% umkehrverdächtigen Belegen.

ABKÜRZUNGEN

Qu   biblische Texttradition von Qumran

MT   Masoreten-Text

KT   Konsonanten-Text

G   griechische Bibel = Septuaginta

L   lateinische Bibel = Vulgata

BHK   Biblia Hebraica ed. Kittel (1966 14. Auflage)

BHS   Biblia Hebraica Stuttgartensia (1969)

EÜ   Die Bibel. Einheitsübersetzung (1980)

vs   versus

Grammatikalische Abkürzungen wie impf, inf, pt etc werden
als geläufig vorausgesetzt.

Zu den hier entwickelten und begründeten Sigla c-pref, recto
etc cf oben S. 25f.

LITERATURVERZEICHNIS

BACHER W., Die Anfänge der hebräischen Grammatik und der he-
        bräischen Sprachwissenschaft vom 10. bis zum 16.
        Jahrhundert. Amsterdam 1974.

    –   Abraham Ibn Esra als Grammatiker. Strassburg 1882.

BALLANTINE W.G., Suggestions toward a more exact Nomenclature
        and Definition of the Hebrew Tenses.
        Hebraica 2^2 1885-86, 53-55.

BARNES O.L., A New Approach to the Problem of the Hebrew Ten-
        ses and its Solution without Recourse to Waw-Conse-
        cutive. Oxford 1965.

BARR J., Semantics of Biblical Language. Oxford 1961.

BARTSCH W., Über ein System der Verbformen, in: Der Begriff
        Tempus – eine Ansichtssache? Beihefte zur Ztschr.
        Wirkendes Wort 20. Düsseldorf 1969, 90-110.

BAUER H., Die Tempora im Semitischen. Ihre Entstehung und ihre
        Ausgestaltung in den Einzelsprachen.
        BASS VIII,1, 1910.

BERGSTRÄSSER G., Mitteilungen zur hebräischen Grammatik.
        OLZ 26/1923, 253-260, 477-481.

    –   Hebräische Grammatik. Hildesheim 1983 (28. Aufl.).

BENNETT W.H., The Use of Tenses in Hebrew Narrative. Hebrai-
        ca 2/1885-86, 193-208; 3/1886-87, 22-29; 5/1888-89,
        202-204.

Bible de Jérusalem. Paris 1956.

BIRKELAND H., Ist das hebr. Imperfectum consecutivum ein Prä-
        teritum? Eine Untersuchung der gegen den präteriti-
        schen Charakter der Form angeführten Stellen.
        Acta Orient. 13/1935, 1-34.

BLAKE F.R., A Resurvey of Hebrew Tenses. Roma 1951.

    –   The Hebrew Waw Conversive. JBL 63/1944, 271-295.

BLASS-DEBRUNNER, Grammatik des neutestamentlichen Griechisch.
        Göttingen 1970 (13. Aufl.).

BLAU J., Marginalia Semitica I,6. The Problem of Tenses in
        Biblical Hebrew. Israel Or.Stud. 1/1971, 24-26.

   -    A Grammar of Biblical Hebrew. Wiesbaden 1976.

BOBZIN H., Überlegungen zumalthebräischen "Tempus"-System.
        Welt des Orients 7/1973, 141-153.

   -    Die "Tempora" im Hiob-Dialog. Marburg 1974.

BÖTTCHER Fr., Ausführliches Lehrbuch der hebräischen Sprache.
        Leipzig 1866-68.

BROCKELMANN C., Die Tempora im Semitischen. Zeitschr.f.Phone-
        tik und allg. Sprachwissenschaft V/1951, 133-154

BUCHANAN G.W., The Importance of the Tenses for the Interpre-
        ter of the Psalms. HUCA Jub.Vol. 1930.

BURNEY C.F., A fresh examination of the current theory of the
        Hebrew Tenses. J.Th.St. 20/1918-19, 200-214.

CARROZZINI A., Grammatica della Lingua Ebraica, Marietti 1950.

CAZELLES H., Notes sur l'origine des temps convertis hébreux.
        RB 54/1974, 388-393.

CHOMSKY N., Aspekte der Syntax-Theorie. Frankfurt 1971.

CHRISTIAN V., Das Wesen der semitischen Tempora.
        ZDMG 81/1927, 232-258.

COHEN M., Le système verbal sémitique et l'expression du
        temps. Paris 1924.

COMRIE B., Aspect. An introduction to the Study of Verbal
        Aspect and Related Problems. Cambridge 1976.

DELITSCH F., Lese- und Schreibfehler im Alten Testament.
        Berlin 1920.

DRIVER G.R., Problems of the Hebrew verbal system.
        Edinburgh 1936.

DRIVER S.R., A treatise on the use of tenses in Hebrew.
        Oxford repr. 1969.

EDDLEMAN H.L., Waw consecutive and the consecutive of tenses
        as reflected by eighth-century Hebrew.
        Louisville 1955.

Einheitsübersetzung. Stuttgart 1980.

EWALD H., Ausführliches Lehrbuch der hebräischen Sprache des
        Alten Bundes. Göttingen 1870 (8. Aufl.).

FENSHAM F.C., The Use of Suffix Conjugation and the Prefix
        Conjugation in a Few Old Hebrew Poems.
        JNSL 6/1978, 9-18.

FERGUSON H., An Examination of the Use of Tenses in Conditional Sentences in Hebrew. JBL 1882, 40-94.

FLEISCH H., Sur le système verbal du sémitique commun et son évolution dans les langues sémitiques modernes. Mél.U.St.Joseph 27/1947, 39-60.

- Le verbe du sémitique commun - les discussions à son sujet. Semitica 25/1975, 5-18

GESENIUS W., Hebräische Grammatik, hrsg. E. KAUTZSCH. Hildesheim 1983 (28. Aufl.).

GINSBERG H.L., Studies ot the Biblical Hebrew Verb. Ajs 46/1929-30, 53-58; 127-138.

GORDON C.H., The accentual shift in the perfect with waw consecutive. JBL 57/1938, 319-325.

GROSS W., Verbform und Funktion wayyiqṭol für die Gegenwart? Ein Beitrag zur Syntax poetischer althebräischer Texte. ATS 1 1976.

- Zur Funktion von qaṭal. Die Verbfunktionen in neueren Veröffentlichungen. Biblische Notizen 4/1977, 25-38.

HARRIS Z.S., Linguistic Structure of Hebrew. J.Amer.O.Soc. 61/1941, 143-167.

HOLLENBERG-BUDDE (hrsg. W. BAUMGARTNER), Hebräisches Schulbuch. Basel 1967 (25. Aufl.).

HUGHES J.A., Another Look at the Hebrew Tenses. JNES 29/1970, 12-24.

JENARO MACLENNAN L., El Problema del Aspecto Verbal. Madrid 1962.

JOHNSON B., Hebräisches Perfekt und Imperfekt mit vorausgehendem wᵉ. Coniect.Bibl., OT Ser.13, Lund 1970.

JOÜNON P., Grammaire de l'Hébreu biblique. Rom 1923.

KLINGENHEBER A., Die Präfix- und die Suffix-Konjugation des Hamosemitischen. Mitt.Inst.f.Orientforschung 4/1956, 211-277.

KOSCHMIEDER E., Beiträge zur allgemeinen Syntax. Heidelberg 1965.

- Zeitbezug und Sprache. Ein Beitrag zur Aspekt- und Tempusfrage. Berlin 1929 = Libelli 329, Darmstadt 1971.

KURYŁOWICZ J., Studies in Semitic Grammar and Metrics. Gdansk 1972.

- Le système verbal du sémitique. BSL 45/1949, 47-56.

- Verbal aspect in Semitic. Or. 42/1973, 114-120.

KUSTÅR P., Aspekt im Hebräischen. Basel 1972.

LAMBERT M., Le vav conversif. Rev.d.Et.Juives 26/1893, 47-62.

LETTINGA J.P., Grammaire de l'hébreu biblique. Leiden 1980.

LEUMANN-HOFMANN, Lateinische Grammatik. München 1965.

LOHSE E., Die Texte aus Qumran. Darmstadt 1971.

LYONS J., Einführung in die moderne Linguistik. München 1971.

MARCUS D., The Stative and the Waw Consecutive.
JANES Columbia Univ. 2/1969, 37-40.

MAYER LAMBERT, Traité de Grammaire Hébraique. Paris 1938.

MAYER R. & REUSS J., Die Qumranfunde und die Bibel.
Regensburg 1959.

McFALL L., The Enigma of the Hebrew Verbal System.
The Almond Press 1982

METTINGER T.N.D., The Hebrew Verb System. A Survey of Recent
Research. An.Sved.Theol.Inst. 9/1973, 64-84.

MEYER R., Aspekt und Tempus im althebräischen Verbalsystem.
OLZ 59/1964, 117-126.

- Das hebräische Verbalsystem im Lichte der gegenwärtigen Forschung.
Suppl. to VT VII, Leyden 1960, 309-317.

- Spuren eines westsemitischen Präsens-Futur in den
Texten von Chirbet Qumran.
FS Eissfeldt, Berlin 1958, 118-128 (=BZAW 77)

MICHEL D., Tempora und Satzstellung in den Psalmen. Bonn 1960.

The Oxford annotated Bible, Revised Standard Version.
Oxford 1962.

RABIN C., Hebrew, in: Current Trends in Linguistics.
The Hague 1970, 304-346.

RICHTER W., Grundlagen einer althebräischen Grammatik.
St. Ottilien 1978f.

ROSENTHAL F., A Grammar of Biblical Aramaic. Wiesbaden 1961.

RÖSSLER O., Zum althebräischen Tempussystem. Eine morpho-syn-
taktische Untersuchung. Marburger Studien zur Afri-
ka- und Asienkunde, Serie B, Bd.4/1977, 33-57.

- Die Präfixkonjugation Qal der Verba I[ae] Nun und die
sog. Tempora, ZAW 74/1962, 125-141.

RUNDGREN R., Das althebräische Verbum. Abriß der Aspektlehre. Stockholm 1961.

SALTVEIT L., Studien zum deutschen Futur. Bergen 1962.

     –   Das Verhältnis Tempus-Modus, Zeitinhalt-Modalität
im Deutschen.
in: FS Hugo Moser, Düsseldorf 1969, 172-181.

SCHNEIDER W., Grammatik des biblischen Hebräisch.
München 1978 (3. Aufl.).

SCHULZ A.O., Über das Imperfekt und Perfekt mit wa (we) im
Hebräischen. Kirchenhain 1900.

SCHWYZER Ed., Griechische Grammatik. München 1959.

SEGERT S., Aspekte des althebräischen Aspektsystems.
ArOr 33/1965, 93-104.

SEKINE M., Erwägungen zur hebräischen Zeitauffassung.
VT Suppl. 9/1963, 66-82.

     –   Das Wesen des althebräischen Verbalausdrucks.
ZDMG 58/1940, 133-143.

SHARVIT Sh., The "Tense"-System of Mishnaic Hebrew. Studies
in Hebrew and Semitic Languages, Ramat Gan 1980.

SHEEHAN J.F.X., Egypto-Semitic elucidation of the waw conversive. Biblica 52/1971, 39-43.

SIEDL S.H., Gedanken zum Tempussystem im Hebräischen und Akkadischen. Wiesbaden 1971.

v.SODEN W., Tempus und Modus im Semitischen.
Akten 24.OrKongr. München 1957, 263-265.

SPERBER A., Hebrew Grammar, A New Approach.
JBL 62/1943, 137-262.

     –   A Historical Grammar of Biblical Hebrew: A Presen-
tation of Problems with Suggestions to their Solu-
tion. Leiden 1966.

STARCKY J., Sur le système verbals de l'hébreu.
RES 1938, 19-31.

STRONG J., Driver on the Hebrew Tempus.
Hebraica 2,2/1886, 107f.

STUMMER F., Einführung in die Lateinische Bibel.
Paderborn 1928.

     –   Einige Beobachtungen über die Arbeitsweise des Hie-
ronymus bei der Übersetzung des Alten Testamtens
aus der Hebraica Veritas. Biblica 1929, 3-30.

TEDESCHI Ph.J., Tense and Aspect (= Syntax and Semantics 14).
          New York 1981.

WALKER D.A., The Semitic Negative with Special Reference to
          the Negative in Hebrew. AJSL 12/1895-96, 230-267.

WEBER R., ed. Biblia Sacra iuxta Vulgatam Versionem.
          Stuttgart 1983 (3. Aufl.).

WEINRICH H., Tempus. Besprochene und erzählte Welt.
          Stuttgart 1977.

YOUNG G.B., The origin of the waw conversive.
          JNES 12/1953, 248-252.

ZIMMERLI W., Ezechiel. (Bibl. Kommentar AT XIII/1)
          Neukirchen 1969.

SACHREGISTER

BEIHEFTE ZUR ZEITSCHRIFT FÜR DIE ALTTESTAMENTLICHE
WISSENSCHAFT

HANS CH. SCHMITT

Die nichtpriesterliche Josephsgeschichte

Ein Beitrag zur neuesten Pentateuchkritik

Groß-Oktav. XII, 225 Seiten. 1979. Ganzleinen DM 86,–
ISBN 3 11 007834 1 (Band 154)

GEORG FOHRER

Studien zu alttestamentlichen Texten und Themen

Groß-Oktav. X, 212 Seiten. 1981. Ganzleinen DM 84,–
ISBN 3 11 008499 6 (Band 155)

CHRISTA SCHÄFER-LICHTENBERGER

Stadt und Eidgenossenschaft im Alten Testament

Eine Auseinandersetzung mit Max Webers Studie „Das antike Judentum"

Groß-Oktav. XII, 485 Seiten. 1983. Ganzleinen DM 108,–
ISBN 3 11 008591 7 (Band 156)

CLAUS PETERSEN

Mythos im Alten Testament

Bestimmung des Mythosbegriffs und Untersuchung
der mythischen Elemente in den Psalmen

Groß-Oktav. XVIII, 280 Seiten. 3 Tabellen. 1982. Ganzleinen DM 88,–
ISBN 3 11 008813 4 (Band 157)

PHILIP J. NEL

The Structure and Ethos of the Wisdom
Admonitions in Proverbs

Large-octavo. XII, 142 pages. 1982. Cloth DM 74,–
ISBN 3 11 008750 2 (Volume 158)

Preisänderungen vorbehalten

Walter de Gruyter Berlin · New York

BEIHEFTE ZUR ZEITSCHRIFT FÜR DIE ALTTESTAMENTLICHE
WISSENSCHAFT

GEORG FOHRER

Studien zum Buche Hiob (1956–1979)

Zweite, erweiterte und bearbeitete Auflage
Groß-Oktav. XII, 146 Seiten. 1983. Ganzleinen DM 72,–
ISBN 3 11 008967 X (Band 159)

OSWALD LORETZ

Habiru-Hebräer

Eine sozio-linguistische Studie über die Herkunft
des Gentiliziums ʿibriʾ vom Appellativum ḫabirū

Groß-Oktav. XV, 314 Seiten. 1984. Ganzleinen DM 106,–
ISBN 3 11 009730 3 (Band 160)

OTTO KAISER

Der Mensch unter dem Schicksal

Studien zur Geschichte, Theologie
und Gegenwartsbedeutung der Weisheit

Groß-Oktav. X, 292 Seiten. 1985. Ganzleinen DM 98,–
ISBN 3 11 010095 9 (Band 161)

Bibel und Alter Orient

Altorientalische Beiträge zum Alten Testament
von Wolfram von Soden

Herausgegeben von Hans-Peter Müller
Groß-Oktav. X, 320 Seiten. 1985. Ganzleinen DM 96,–
ISBN 3 11 010091 6 (Band 162)

WILLEM S. PRINSLOO

The Theology of the Book Joel

Large-octavo. VIII, 136 pages. 1985. Cloth DM 74,–
ISBN 3 11 010301 X (Volume 163)

Preisänderungen vorbehalten

Walter de Gruyter　　　　**Berlin · New York**